光影力量

中国村镇40年变迁（1978~2018）

本书编写组 ◎编

新华出版社

图书在版编目（CIP）数据

光影力量：中国村镇40年变迁 / 《光影力量：中国村镇40年变迁》编写组编.
—北京：新华出版社，2018.5

ISBN 978-7-5166-4089-0

Ⅰ. ①光… Ⅱ. ①光… Ⅲ. ①农村—社会主义建设—成就—中国
Ⅳ. ①F320.3

中国版本图书馆CIP数据核字（2018）第089504号

光影力量：中国村镇40年变迁

作　　者：《光影力量：中国村镇40年变迁》编写组 / 编

选题策划：要力石　许　新　　**责任编辑**：江文军　徐文贤
责任印制：廖成华　　**责任校对**：刘保利
封面设计：李尘工作室

出版发行：新华出版社
地　　址：北京市石景山区京原路 8 号　　**邮　　编**：100040
网　　址：http：//www.xinhuapub.com
经　　销：新华书店
新华出版社天猫旗舰店、京东旗舰店及各大网店
购书热线：010-63077122　　**中国新闻书店购书热线**：010-63072012

照　　排：李尘工作室
印　　刷：三河市君旺印务有限公司
成品尺寸：185mm × 245mm
印　　张：17.25　　**字　　数**：380千字
版　　次：2018年8月第一版　　**印　　次**：2018年8月第一次印刷
书　　号：ISBN 978-7-5166-4089-0
定　　价：68.00元

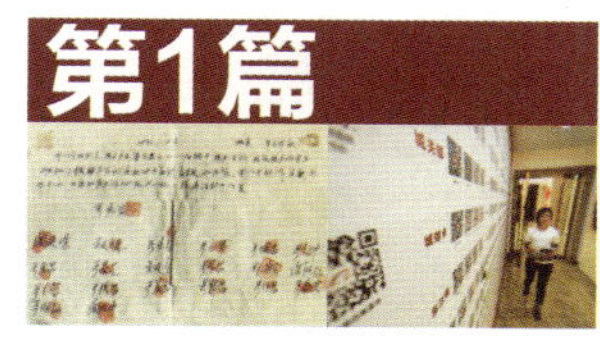

改革地标

红色热土

小康路上

产业兴农

古镇复兴

希望新曲

多彩文化

扶贫壮歌

风景独好

后记

代 | 序

向着新航程扬帆奋进！
——从小岗精神看中国改革开放40年

一个村庄的位置可以有多高？

安徽，小岗村，以不到100米的海拔标记了中国改革开放的精神高地；

一枚手印的力量可以有多大？

立下生死契，按下18枚红手印，释放出中国改革开放的初始动力。

40年前，发端于小岗村的“大包干”成为改革开放一声春雷，冲破思想桎梏，唤醒沉睡的大地……正是从那一年起，中国共产党领导亿万人民开启了改革开放这场决定中国前途命运的伟大变革，中国特色社会主义由此开启了伟大的实践征程。

历史是不断延续的进程。在中国迈入新时代的今天，让我们重温小岗精神，从波澜壮阔的伟大变革中汲取力量，以一往无前的奋斗姿态创造新时代改革开放的荣光。

“改革开放的一声春雷”

——小岗“大包干”成为改革开放的实践起点，在中国共产党领导下，亿万人民踏上了中国特色社会主义道路的新征程

“我们世世代代在这田野上生活，为她富裕，为她兴旺……”

——摘自歌曲《在希望的田野上》

冬日的皖东北，阳光普照。“凤阳县小岗村”的门楼矗立在村西头，门楼下笔直宽敞的马路直通村里，两边是一栋栋徽派建筑风格的小楼，农家乐、农村电商等招牌随处可见。

离村民文化广场不远，有一栋三层小楼，墙壁颜色深浅不一，这是“大包干”带头人之一严宏昌的家。这里40年前是一间茅草屋，20世纪80年代盖起了平房，此后几乎每十年，房子就加盖一层。

“是党的解放思想、实事求是，给了我第二次生命。”当年亲手起草生死契的严宏昌坐在宽敞的客厅里回忆。

1978年冬夜，小岗人托孤求生、立誓为盟，在一张破损褶皱的薄纸片上，按上18枚鲜红手印。

“我们分田到户，每户户主签字盖章，如以后能干，每户保证完成每户的全年上交和公粮，不再向国家伸手要钱要粮。如不成，我们干部坐牢杀头也甘心，大家社员也保证把我们的小孩养活到18岁。”

如今，这张10多厘米见方的纸片，作为改革开放的珍贵物证，静静陈列在国家博物馆。

“小岗村当年的创举是我国改革开放的一声春雷”——2016年4月25日，习近平总书记来到小岗村“当年农家”院落的大包干签字室时这样称赞。他察看当年的茅草屋，了解当年农户们商量搞大包干在这里签字的场景，叮嘱要好好记住这段历史。

今昔对比，习近平总书记在小岗考察中深有感触地说：小岗梦也是广大农民的梦。今天在这里重温改革，就是要坚持党的基本路线一百年不动摇，改革开放不停步，续写新的篇章。

18枚红手印，见证了一段艰辛的岁月。

“泥巴房、泥巴床，泥巴锅里没有粮，一日三餐喝稀汤，正月出门去逃荒。”“大包干”之前小岗人讨饭所唱的凤阳花鼓词，真实反映了那时的生活状况。

小岗的贫困，正是当时中国的缩影。

什么是社会主义？怎样建设社会主义？……这一重大课题，考验着当代中国共产党人。

关键抉择，往往随着时间推移，其重大的意义愈发凸显。

按下红手印的18户农民当时不会意识到，他们的抉择其实触碰到一个重大而基本的问题——“包干到户”调整了生产关系，改变了原有的分配方式，极大释放了蕴藏在每个人身上的生产力。

如同释放了魔力，次年，小岗迎来大丰收，整个生产队粮食总产13.3万斤，是前十余年产量的总和，一举结束20余年吃国家救济粮的历史，并首次归还国家贷款800元。

2018年3月21日，一列动车通过汉中市南郑区新集镇油菜花海（无人机航拍）。（新华社记者陶明摄）

穷思变，变则通，这是改革蕴藏的既深奥又简单的道理。

小岗是缩影，1978年的中国也在探索前进的方向。

这一年，中国派出了多个代表团到国外访问考察。在西欧，他们看到时速达100公里的高速公路，感到了“前所未有的震撼”。

这年10月，邓小平在日本访问时乘坐时速210公里的新干线。他说了一番让人铭记至今的话语：就感觉到快，有催人跑的意思，我们现在正合适坐这样的车。

……

要快，要大踏步赶上时代的步伐；

要变，要寻找到适合发展的道路。

从当年3月召开全国科学大会迎来“科学的春天”，到5月掀起关于真理标准问题大讨论，全国上下展开一场“解放思想、实事求是”的思想解放运动……1978年中国发生的这一切，校正着历史的航向。

“一个党，一个国家，一个民族，如果一切从本本出发，思想僵化，迷信盛行，那它就不能前进，它的生机就停止了，就要亡党亡国。”

“如果现在再不实行改革，我们的现代化事业和社会主义事业就会被葬送。”

历史的走向，总是隽永深长——

在小岗农民按红手印的那个冬天，1978年12月18日党的十一届三中全会在北京召开，这次会议作出了把党和国家工作中心转移到经济建设上来、实行改革开放的历史性决策，中国特色社会主义大道从此开启。

历史转折的来临，背后已承受蓄势已久的推力。

在小岗人按下红手印前后，四川、甘肃、河南等多地农民也在想方设法摆脱体制痼疾，探索农业生产责任制。在安徽，凤阳县马湖公社实行“包产到组”，来安县、天长县一些公社建立“联产计酬”等责任制，肥西县山南公社小井庄干脆把地分到各户“先干一年再说”……

人民是改革的实践者和创造者，共产党则是改革的主心骨和领路人。

小岗改革的火种得以幸存，得益于当时安徽省委的支持，特别是党中央的肯定！

“‘凤阳花鼓’中唱的那个凤阳县，绝大多数生产队搞了大包干，也是一年翻身，改变面貌。有的同志担心，这样搞会不会影响集体经济。我看这种担心是不必要的。”小岗村民文化广场上，一本摊开的《邓小平文选》雕塑镌刻着这一讲话。

正是这一首肯，让始于小岗的大包干之火，迅速以燎原之势燃遍全国。

全国各地的人们蜂拥到凤阳学习“大包干”：没有地方睡，只能在教室打地铺；接待不过来，只能在县大礼堂重复播放录像带。到1984年底，全国569万个生产队中99%以上都实行了家庭联产承包责任制，人均粮食拥有量达到800斤，基本解决温饱问题。

冰河解封，大地开化。

中国改革从农村起步，向城市延伸。农民工进城、个体户、企业承包经营等新事物如雨后春笋不断涌现，对外开放、特区设立等重大举措不断推出……改革开放凝聚起最广大的共识，激发出亿万人的活力，神州大地万物复苏、生机勃发。

“我们的未来在希望的田野上，人们在明媚的阳光下生活，生活在人们的劳动中变样……”受小岗等农村改革的故事感染，词作家陈晓光和作曲家施光南在1981年创作的歌曲《在希望的田野上》，迅速传遍大江南北，唱出了改革开放的朝气，也道出亿万人民的心声。

“党始终同人民想在一起、干在一起”，改革就有了战无不胜的力量，就能不断从胜利走向新的胜利。

穿越时空，一脉相承。

2004年，被选派到小岗任村党委第一书记的“省城干部”沈浩带领小岗推进改革发展致富，让小岗的面貌又变了个样，人气大振。当他两次任职将满时，小岗村民两次按下红手印“请愿”沈浩连任。

任职6年，沈浩为小岗发展鞠躬尽瘁——2009年11月6日，年仅45岁的他因积劳成疾而心脏病突发逝世于小岗村。

噙满泪水的小岗人又一次按下红手印，请求将沈书记永远“留”在小岗。

如今，在小岗村东北一隅的陵园内，沈浩安息在苍松翠柏之间，和他深爱的土地、牵挂的小岗融合在一起。

从按红手印首创“大包干”，到三次按红手印留住“沈书记”——这四次红手印，感天动地、气壮山河，是党心民心团结一心、持续开创改革新局的最好见证。

“小岗村每个改革发展的关键阶段，都离不开党的指引！”当年“大包干”带头人之一、老村委会主任关友江深情地说。

回望40年历史风云，一个政党、一个国家、一个民族的梦想和改革的力量始终汇聚在一起。

肇始于小岗，沿着改革开放这条必由之路，中国共产党人率领亿万人民探索出一条马克思主义普遍原理与中国实际相结合的中国特色社会主义道路，让中国人民的面貌、社会主义中国的面貌、中国共产党的面貌焕然一新。

“走自己的路，建设有中国特色的社会主义”——这是改革的方向、历史的宣示，也是人民的选择。

2018年3月27日，晨光下的凤堰古梯田。从陕西省汉阴县县城往漩涡镇方向，沿盘山路到山顶，分布在整个山谷里的凤堰古梯田，层叠连片达1.2万余亩。（新华社记者陶明摄）

“新的伟大革命”

——改革开放恰如撬动历史的支点，以雷霆万钧之势席卷神州大地，中国特色社会主义道路越走越宽广

“天地间荡起滚滚春潮，征途上扬起浩浩风帆……”

——摘自歌曲《春天的故事》

2018年，一条停靠“凤阳小岗”附近的高铁进入勘察准备阶段。这个闻名遐迩的小村庄，将有更让人向往的远方。

路的变迁，让人百感交集。

“大包干”之前，这里羊肠小道蜿蜒逼仄、泥泞不堪。

1982年，小岗村民们“分段承包”，每户人家各修一段路，村里有了第一条像样的土路。

1994年，土路改建成沙石路。

1997年，第一条水泥公路友谊大道诞生。

2008年，村内标志性的改革大道正式通车。

小岗之路，就是中国改革之路。

“小岗村发生的翻天覆地的变化，是我国改革开放的一个缩影，看了让人感慨万千。实践证明，唯改革才有出路，改革要常讲常新。”习近平总书记在小岗村考察时这样感慨。

40年来，路似守望者，目睹着亿万中国人沿着改革开放的大道阔步前行，从站起来，到富起来，奔向强起来。

冲破僵化思想桎梏，改革开放释放出空前发展动力——

1983年，“大包干”后第五年，严宏昌一家七口年收粮达到2万多斤，吃饱肚子不再是问题。严宏昌特意去了趟浙江农村，发现那里一些义乌人已开始摇着拨浪鼓，用“鸡毛换糖”等方式发展起经济、办起企业。

“他们有拨浪鼓，我们有凤阳花鼓！”严宏昌带回了塑料切割机，投资5万元办起了小岗村第一家塑料加工厂。

几乎同时，距离小岗250余公里的江边小城——安徽芜湖，年广久经营的“傻子瓜子”已很红火，但也陷入了争议中。

这件事惊动了邓小平，他三次点名相挺，“让‘傻子瓜子’经营一段，怕什么……”

1979年，首钢成为国企改革的第一个采用利润递增包干制的重大试点；1980年，卖纽扣的19岁温州姑娘章华妹领到第一张“个体工商户营业执照”……被思想禁锢和计划经济压抑已久的活力和创造力一旦释放，无数个“年广久”就汇成中国经济蓬勃发展的洪流。

对内改革，对外开放。思想一旦解放，封闭国门随之打开。

就在小岗村按下“大包干”红手印的第二年，党中央决定在深圳、珠海、汕头、厦门创办经济特区，“杀出一条血路来”。当年喊出“效率就是生命”“三天建一层楼”的深圳速度，让

人真实感觉到中国要大踏步实现富强的急切！

如今的深圳，已从当年一个边陲渔村发展成为国际上知名的创新大都市，GDP规模已与香港相当。与当年很多人通过深圳大规模“逃港”形成反差的是，现在已有越来越多香港人来深圳“圆梦”。

2018年初，国务院批复同意撤销存在30多年的深圳特区管理线，深圳特区一体化发展迎来新的起点。“改革已更多从有形转为无形，特区已从个别转为普遍，标志着改革开放进入了新境界。”有观察人士如此评点。

历史，以这种令人感慨万千的方式，奔涌向前。

2018年3月23日，“智能拖拉机”在新疆库车县牙哈镇的一处棉田进行播种作业。（新华社记者胡虎虎摄）

从小岗到芜湖，从义乌到深圳……40年来，改革开放大潮滚滚向前，一个个村庄、一家家企业、一座座城市变化了模样。

“我们党靠什么来振奋民心、统一思想、凝聚力量？靠什么来激发全体人民的创造精神和创造活力？靠什么来实现我国经济社会快速发展、在与资本主义竞争中赢得比较优势？靠的就是改革开放。”2013年11月，习近平总书记在十八届三中全会上作关于《中共中央关于全面深化改革若干重大问题的决定》的说明时如此表示。

今天的小岗，已从当初一百多人的生产队发展成为全国十大名村，在十年前区划调整后，小

为“世界引擎”，GDP已突破80万亿元。外汇储备当时不足2亿美元，如今已达3万多亿美元，连续十多年位居世界第一；从当年电视、汽车等消费品少得可怜到如今网购消费成全球之首，高铁、共享单车国际驰名……一个13亿多人口的东方大国，谱写出一曲气魄宏大的壮丽史诗。

全方位深层次多领域展开，改革开放让中国特色社会主义充满活力——

凤画，凤阳的一张名片。画中凤凰“九尾十八翅”，聚集百鸟之长，少一尾、一翅都不行。

“改革开放是经济、政治、文化、社会、生态等各领域的全面进步。”在凤阳县委书记徐广友看来，只有“九尾十八翅”同频共振，社会主义这只金凤凰才能振翅高飞。

随着中国“软实力”的崛起，小岗人也开始挖掘自己的文化潜力。

小岗人已干起了红色旅游，把村里仅存的一套相对完整，附带井台、猪圈的茅草屋，改建成

岗行政村已现辖23个村民组，有4173名村民；可耕种面积从当年的500余亩扩展到1.45万亩，村民人均可支配收入也从当年22元增长到2017年的18106元。

今天的中国，经济总量从1978年的“世界第十”跃升为“世界第二”，从“濒临崩溃”变

图为改革开放前安徽省凤阳县小岗村农家孩子在田里拾荒。（资料照片/新华社发）

图为改革开放前安徽省凤阳县小岗村农民居住的茅草屋（资料照片）。

“当年农家”旅游点。总投资300万元、占地面积30亩的小岗村大包干纪念馆已于2005年落成。

沈浩纪念馆、村民文化广场、百亩葡萄示范园等“红色符号”和生态景区相结合的旅游线路，让这个小村庄跻身国家4A级景区，每年吸引几十万游客来探访“改革第一村”的新貌，汲取改革的精神。

从当年为了吃饱饭而奋斗，到今天期盼有更清新的空气、更美的山水，人们对美好生活的追求不断提升，改革发展理念也在深刻变化。

距离小岗近40公里有一座凤凰山，明朝年间中都城就建于此山之阳，故名“凤阳”。由于当地长期开山取石造成山体千疮百孔，成了连鸟儿都无处落脚的荒地。

“生态还凤阳，凤凰重振翅。”近年来，凤阳县下决心停止采石行为，推进生态修复工程，把凤凰山打造成风景观光、休闲娱乐的生态园。

以改善民生为重点的社会建设，是改革的重要一“翅”。

“80后”杨越岭，是小岗村当时为数不多的大学生。2009年，当他毅然决然辞掉城里工作，和妻子一起回到家乡创业时，友谊大道旁建的幼儿园已是欢声笑语，小学里书声琅琅；2013年，九年一贯制学校在小岗建起来。如今，小岗每年都有十几个孩子考上大学，前几年还出了博士。

“不谋全局者，不足谋一域。”

如同小岗不断拓展的改革足印，从农村到城市，从沿海到内陆，从经济基础到上层建筑……40年来，改革开放大潮波澜壮阔，各领域改革全方位推进，释放出无穷的活力。

中国像一个磁场充满吸引力，类似哈佛8位博士齐归合肥科学岛创业的事例并非个案，这种“凤还巢”的故事几乎每天都在上演……

“改革开放以来，在我的眼里是几百年来中国历史最好的一段……”1984年下海办企业的柳传志，在《写给一百年后人们的信》中如此写道。

百折不挠勇向前，不断增强改革开放的信心和勇气——

改革的道路并非一帆风顺。

1993年，作为“岗二代”的严宏昌之子严余山、严金昌之子严德双、关友江之子关正景相约到广东东莞打工，一到便被城市里矗立的高楼大厦、夜色中闪烁的霓虹灯所震惊，“这是小岗人没看到的景象，深深感觉我们落后了！”

在首创“大包干”后，小岗村在一段时间里的经济发展却滞后了，村民增收乏力，被称为“一夜越过温饱线，20年没过富裕坎”。

前些年，小岗每平方公里土地创造的产值仅为华西村的3%、南街村的6.4%，不少慕名而来的游客也感觉，小岗与别的村庄相比并无特别之处。

小岗立足“农”字，但也要试水办企业！

严余山试图续写他父亲当年的“创业梦”——这位凭借打工自学创出多项专利技术、在上海等地办厂经商的“岗二代”，回村办企业却遭遇“滑铁卢”：2000年后投资的瓶盖厂、电表厂接连夭折，50万元投资变成了一堆不到两千元的破铜烂铁，“我当时还不知道有‘投资环境’这四个字”。

严余山失望离乡。

其实，何止小岗。放眼全国，改革从来都是在破解难题中前行，尽管一路羁绊一路挑战，但除了坚定不移深化改革别无他途。

小岗从一度迷茫中奋起，在上级党组织领导下，特别是在以第一书记沈浩为代表的村两委直接带领下，小岗人发扬“大包干”精神，再度开启改革新局面。

2015年7月8日，16户小岗村村民代表领到红灿灿的《中华人民共和国农村土地承包经营权证》，拉开安徽农村土地承包经营权确权登记颁证的序幕。

从“红手印”到“红证书”，小岗又一次成为农村改革的先行者。

当年土地由“合”到“分”，是解放生产力的必然要求；40年后，土地由“分”到“合”，亦是现代农业发展的内在需求，目前小岗60%以上的土地已实现流转。农村宅基地和农房确权发证试点、推进小型水利工程管理体制改革、以种粮大户程夕兵名字命名的土地股份合作社正在试点……近年来，小岗持续担当全省的农村改革探索先锋。

小岗产业经济也在崛起。5平方公里的小岗产业园正在加快建设，小岗村品牌等无形资产评估入股小岗创新发展公司，设立4亿元的“小岗徽银现代农业改革支持基金”……党的十八大以来，小岗村迎来了发展最快的时期，特别是自2016年实施“三年大变样”行动后，小岗迎来快速改革发展期，2017年小岗实现村集体收入突破820万元，农民人均收入比2012年增长70%以上。

严余山又回来了，成为首个入选小岗村党委的“岗二代”。他说，现在最大心愿就是“冲刺全面小康”。

“在新起点上实现新突破”

——中国“再出发”，继续沿着改革开放的康庄大道奋勇前行，不断开创新时代中国特色社会主义事业新局面

“啊，亲爱的朋友们，创造这奇迹要靠谁？要靠我，要靠你……”

——摘自歌曲《年轻的朋友来相会》

2018年3月20日，正值春季农业生产繁忙季，在山东省邹平县，植保无人机、植保机器人、大型指针式喷灌机等新农机装备投入到生产中，提高了生产效率。（新华社记者郭绪雷摄）

梦想与改革，始终相伴而行。

小岗村党委委员严余山的办公桌上放着一本厚厚的插图版小岗村旅游总体规划，一个现代田园化的小岗正在紧锣密鼓布局。

“改革标志，幸福小岗”是未来的形象定位；“国家5A旅游景区、全国研学旅游示范基地、国内知名特色小镇、皖北乡村旅游典范”是小岗的发展目标。在现有红色景点基础上，小岗还将建设一批特色民宿和“大包干田园”等观光休闲农业。

这是小岗村在新时代的“乡村振兴”蓝图，也是小岗人眼下正忙活的“大事”，要以“让人眼前一亮”的面貌，来迎接按红手印40周年的纪念日，希望各地的人都来小岗“走一走，看一看”。

2018年是贯彻党的十九大精神的开局之年，也是站在新的历史起点上接力探索、接续奋进的关键之年。

小岗，如同迈入新时代中国的缩影，在改革开放新起点上蓄势再出发，扬帆新启航。

改革开放是当代中国发展进步的必由之路，是实现中国梦的必由之路——

党的十八大以来，全面深化改革取得突破性进展，360个重大改革方案、1500多项改革举措推出并落地生根，各领域四梁八柱性质的改革主体框架拔地而起，党和国家事业发生历史性变革。

“我坚信，中华民族伟大复兴必将在改革开放的进程中得以实现。”2017年10月25日，再次当选中共中央总书记的习近平同中外记者见面

时的话语掷地有声。

这坚信，彰显了以习近平同志为核心的党中央坚定不移继续推进改革开放的决心；

这宣示，发出了迈入新时代的中国通过改革开放实现伟大复兴中国梦的豪迈动员。

这是以人民为中心、由人民来“阅卷”的新赶考——

2017年10月10日，“大包干”带头人严金昌一家人在自家开办的饭店里观看十九大开幕会。

“总书记的报告给大家吃了定心丸，我对流转土地更加放心了，可以甩开膀子搞农家乐。”流转了全部土地、从事第三产业的严金昌，听到习总书记说第二轮土地承包到期后再延长三十年时格外振奋，“准备在后院空地上再建一栋三层小楼，建特色民宿，落实好乡村振兴战略。”

改革开放是人民的事业，要以人民是否满意为标准，这就是小岗精神的实质所在，也是新时代开启改革开放新征程的价值指向。

习近平总书记这样说：只要我们深深扎根人民、紧紧依靠人民，就可以获得无穷的力量，风雨无阻，奋勇向前。

“必须始终把人民利益摆在至高无上的地位，让改革发展成果更多更公平惠及全体人民”——党的十九大报告生动诠释出中国共产党人在新时代秉承的“以人民为中心”发展理念和执政情怀。

民心就是最大的政治。

2016年7月21日，距离小岗村100余公里远的天长市迎来一位特殊客人——世界银行行长金墉，他来这里考察一项“破解世界性难题”

◀

家庭联产承包责任制是中国农民的伟大创造。党的十一届三中全会以后，在解放思想、实事求是精神的鼓舞下，中国农民创造了以家庭承包为主要形式的包产到户、包干到户等生产责任制。1980年5月，邓小平对包产到户给予明确肯定，有力地推动了以家庭联产承包责任制为主要内容的农村改革。1980年9月，中央下发《关于进一步加强和完善农业生产责任制的几个问题》，肯定在生产队领导下实行的包产到户，不会脱离社会主义轨道。从1982年到1984年，中央连续三年以“一号文件”的形式，对包产到户和包干到户的生产责任制给予充分肯定，并在政策上积极引导，从而使包产到户和包干到户的责任制迅速在全国广泛推行，人民公社制度随之解体。此后，家庭联产承包责任制不断完善，最终形成农民家庭承包经营制度。1998年修订后的《土地管理法》以及党的十五届三中全会通过的《关于农业和农村工作若干重大问题的决定》，确定了土地承包期再延长30年的政策。1999年再次修改宪法时，将“家庭联产承包责任制”改为“家庭承包经营”。实践证明，家庭联产承包责任制的实行，使中国广大农民获得了充分的经营自主权，极大地调动了农民的积极性，解放和发展了农村生产力。图为安徽省凤阳县小岗村当年“大包干”带头人关友江、严俊昌、严金昌、严学昌、关友申（从左至右）在小岗村牌楼前合影（2008年10月7日摄）。

的改革。

在这里，村民有“签约村医”提供基本医疗、公共卫生服务和签约的健康管理服务；通过建立以市公立医院为龙头涵盖全市乡镇卫生院、村卫生室的“医疗共同体”，村民可以共享全市医疗资源，有效降低医疗费用。

医学专家出身的金墉感叹：“安徽医改进展令人振奋”，不仅在中国具有推广意义，而且为世界其他国家提供了借鉴。

“去民之患，如除腹心之疾”。从强调“物质增长”到注重“公平正义”，从“以GDP论英雄”到更在意“环境生态”……在我国社会主要矛盾已经转化为人民日益增长的美好生活需要和不平衡不充分的发展之间的矛盾的今天，民心所望就是改革所向。

“40年前改革是解决‘有没有’的问题，今天的改革是解决‘优不优’的问题。”安徽省委改革办专职副主任王飞表示，迈入新时代，就要对人民的新期待有更为前瞻性的把握和认知。

这是依然要过“娄山关”和“腊子口”的新长征——

穿越革命和建设的洪流，激荡改革与开放的风云，按照“两个阶段”“两步走”的战略安排，中国这个有着5000多年文明历史的东方大国，如今正朝着决胜全面建成小康社会、建设社会主义现代化强国的目标奋进。

行百里者半九十。正如登顶前可能遭遇陡坡，离目标越近越要攻坚克难。

“一切不触及矛盾、不解决问题的改革，都是形式主义。”小岗所在的安徽滁州被誉为“改革之乡”，市委书记张祥安快人快语。

有的城市中曾有这种“铁路警察各管一段”的情况：道路上的垃圾归环卫部门管，个别不负责任的工人把垃圾扫进下水道；下水道又归市政部门管，结果垃圾挖出后堆到绿化带上；绿化带则归园林绿化部门管，垃圾又被重新清理到道路上……

深水区的改革，就是要刀刃向内自我革命，打破各自为政的利益藩篱。

滁州市近年来把农委、食药监、质监等各家都相近的检验检测业务整合集中。但“一合激起千层浪”，有的“上级婆婆”不干了，直接发函警告地方“如果撤去机构，今后停止项目支持”。“原有的牌子不摘，人和机构简化合并”——压力之下，滁州这样“应招”。

解决前进道路上的困难和问题，需要坚定不移推进全面深化改革，突出重点，攻克难点。

“深化供给侧结构性改革”“加快建设创新型国家”“加快完善社会主义市场经济体制”“推动形成全面开放新格局”……党的十九大对全面深化改革作出总部署。今后，深化改革、扩大开放的领域将更广、举措将更多、力度将更大。

2017年11月20日，习近平总书记主持召开十九届中央全面深化改革领导小组第一次会议，强调着力增强改革的系统性、整体性和协同性，并提醒在新征程上“必须准备付出更为艰巨、更为艰苦的努力”。

这是凝聚力量、抓住大有可为的历史机遇期的再出发——

春华秋实，四季轮替。

小岗4300亩示范田里的新麦，经历了冬雪的滋润，蓄势迎接新春的到来。

“不少有本事的年轻人在外不想回来，主要因素还在于村里没有好的投资项目吸引！”

“沈浩书记走了，但给村里留下了他的足印！我们呢？”

……

2018年元旦后，“小岗青年创业交流”微信群里，展开了一场颇有火药味的讨论。

这个30多人的微信群是主抓青年工作的严余山建的，群里有小岗18位青年创业之星，还有远在上海、北京等地工作的“有想法有思路”年轻人，希望能为小岗新一轮的发展增砖添瓦。

在他们看来，改革开放40周年是对小岗一次审视，也是一次考验。

“父辈们的大包干解放了生产力，掀起了改革浪潮，今天怎样继承发扬小岗精神，如何再出发？”这是年轻人发出的小岗之问，也是当下中国的时代之问。

历史的契机，等待我们把握。

今天的中国已站在新的历史起点上，我们拥有以往从未有过的物质条件和机制优势，也正处于一个大有可为的历史机遇期。

▶

部分“大包干”带头人在实行农业“大包干”初期在茅草屋农舍前合影（资料照片）。

“只有回看走过的路、比较别人的路、远眺前行的路，弄清楚我们从哪儿来、往哪儿去，很多问题才能看得深、把得准。”习近平总书记在学习贯彻党的十九大精神研讨班开班式上的讲话，给人启迪。

一代人有一代人的长征路。今天的新长征，就是将改革进行到底！

时序更替，梦想前行。

小岗村旁，有一条静静流淌的小溪河，它汇入淮河，浩荡东去，奔向大海。

改革大潮奔腾不息。今天的小岗村如同迈入新时代的中国一样，向着新航程扬帆奋进……

（王正忠、张旭东、杨玉华、熊争艳、张紫赟、陈诺/文）

第1篇
改革地标

Chapter 1

1978年12月. 地点 严立华家.

我们分田到户，每户户主签字盖章，如以后能干，每户保证完成每户的全年上交和公粮，不在向国家伸手要钱要粮。如不成，我们干部作牢杀头也干心，大家社员也保证把我们的小孩养活到十八岁。

左图：安徽省凤阳县小岗村18位农民按下红手印的“包产到户”契约。（资料照片）
右图：2015年10月10日，在甘肃省陇南市武都区一家电子商务交易运营中心，一名工作人员从印满了各个乡镇农村电商二维码的“电商墙”旁走过。（陈斌摄）

1.1“红手印农民”严宏昌

离安徽凤阳县小岗村村民文化广场不远，有一栋三层小楼，墙壁颜色深浅不一，这是“大包干”带头人之一严宏昌的家。这里40年前是一间茅草屋，20世纪80年代盖起了平房，此后几乎每十年，房子就加盖一层。

“是党的解放思想、实事求是，给了我第二次生命。”当年亲手起草生死契的严宏昌坐在宽敞的客厅里回忆。

现在的生活比蜜甜，但那段饿肚子的苦涩岁月，严宏昌仍记忆犹新。1969年，上高一的严宏昌像往常一样回家带粮食，结果发现父母和弟妹们已经不在家中。“邻居说，父亲已经带着孩子到滁县那边要饭去了，家里实在没吃的了。最后，我就坐在家门口，哭了。”第二天严宏昌也不得不跟着村里人开始要饭，从此告别了学校。

“要饭丢人呐！别人要饭我总是跟在后面，肚子空空，自尊心却没丢。有时讨饭张不开嘴，干脆就吃菜地里剩下的萝卜头，寻着村庄里最偏僻的单户讨要食物，想着丢人就丢一家。自己年纪轻轻去乞讨，怎么都说不过去啊。”

要饭的生活持续到了70年代。严宏昌在村子里读书最多，他开始思考，是什么造成了全村人穷困潦倒？他认识到，“大锅饭”是饿肚子的根源。当时农村实行人民公社制度，干多干少一个样，干好干坏一个样，农民的生产积极性低，农业效率低下。

1973年，严宏昌开始外出闯荡，从修铁路抬土方开始，组了一只建筑队，沿着铁路线建房子、修桥梁。1978年，严宏昌又被当作能人请回了小岗村。

“回来压力很大，怎样才能让村民吃饱饭，过上安稳日子呢？”他清楚地记得，在自己当选队长后，60多岁的老社员关廷柱对他说的话。“宏昌啊，我们小岗就看你这一下子了。哪怕给我们一天弄两顿菜稀饭，叫我们不要饭我们就知足了。我想喝一碗洋面浆子，想了十年我都没喝上嘴啊。”严宏昌听了心里难受。

在严宏昌当上村长的1978年，凤阳发生百

上图：这是严宏昌（左四）一家人在1980年拍摄的照片，左一是严余山。（新华社资料图片）

下图：严宏昌在村里第一个买了拖拉机。（新华社资料图片）

凤陽县小崗村

上图：2018年3月23日，严宏昌(左)和儿子严余山在小岗村友谊大道合影。严余山是小岗村党委委员，他希望能传承父辈的改革精神，为小岗村新一轮的建设添砖加瓦。（新华社记者张端摄）

下图：2018年2月8日，在安徽凤阳小岗村，村民在“大包干”带头人严宏昌（左）的店里取快递。这些年，“大包干”带头人严宏昌和家人做起了农村电商。

年未见的大旱，几乎颗粒无收，农民们大规模地外出讨饭。严宏昌从父辈了解到，新中国成立初期，小岗农民的生产一度干得很好，一年能收十几万斤粮食，还有余粮交给国家。他还注意到农民在自留地上的生产积极性很高，一亩自留地上种出的粮食，胜过生产队二十亩地。他最后下定决心，要分田单干。

1978年的冬夜，在一间破茅草房里，严宏昌和十几个农民，神情严肃地在一张字据上按下红手印，把村里的田地分给各农户。就是这一举动，揭开了中国农村改革乃至全国改革开放的序幕。

按下红手印的严宏昌当时不会意识到，他和村民们的抉择其实触碰到一个重大而基本的问题——“包干到户”调整了生产关系，改变了原有的分配方式，极大释放了蕴藏在每个人身上的生产力。

次年秋天，小岗迎来大丰收，整个生产队粮食总产13.3万斤，是前10余年产量的总和，一举结束20余年吃国家救济粮的历史，并首次归还国家贷款800元。穷思变，变则通，这是改革蕴藏的既深奥又简单的道理。

党的十八大以来，小岗村迎来了发展最快的时期，特别是自2016年实施“三年大变样”行动后，小岗迎来快速改革发展期，沈浩纪念馆、村民文化广场、百亩葡萄示范园等“红色符号”和生态景区相结合的旅游线路，让这个小村庄跻身国家4A级景区，每年吸引几十万游客来探访“改革第一村”的新貌，汲取改革的精神。

“改革标志，幸福小岗”是未来的定位：“国家5A旅游景区、全国研学旅游示范基地、国内知名特色小镇、皖北乡村旅游典范”是小岗的发展目标。在现有红色经典基础上，小岗还将建设一批特色民宿和“大包干田园”等观光休闲农业。这是小岗村在新时代的“乡村振兴”蓝图、也是小岗人眼下正忙活的“大事”。

2017年小岗实现村集体收入突破820万元，农民人均收入比2012年增长70%以上。2018年伊始，严宏昌领取了小岗村第一次集体经济收益股权分红，他最大的期盼是小岗在未来能从国家“输血”更多地转向自身“造血”，向“全面小康”冲刺。

（张端/文）

华西村第一代公寓平房。

1.2 华西住房往事

初春，漫步华西，蒙蒙细雨中，树木青翠，花香带露，江南村落那份烟花三月的景致依然留存。不过，最令外人艳羡的还是那错落有致的欧式别墅，高耸入云的摩天大楼，现代时尚的文体活动中心。

“与建村时相比，那变化真是太大了，像做梦一般。”回首往事，1954年出生的江苏省江阴市华西村民赵志秋感慨不已。“今天，我们所看到的这一切，在过去想都不敢想。”

赵志秋小学毕业后就参加工作，经历了华西从贫穷落后到‘天下第一村’的每一个发展阶段。几年前，他从村办企业退下来，后又被华西村民推选为村委会副主任。

在赵志秋的记忆里，房子的更新迭代就是村庄发展的“年轮”。一家6口人住上华西第一代公寓房的时间，他至今仍清晰记得。那是1969年，在村里统一规划建设下，他们家盖起了6间房，共约180平方米。

“之前，一家6口人挤在一个约30平方米的小房子里。哥哥到了结婚年龄，却没有房，家里那叫一个急。”赵志秋说，“好在这时，村里开始了‘社会主义新农村’的建设。”

至今，华西村还保留了三间这样的公寓平房供游客参观，青瓦白墙，窗户不大，房屋不高，一户两间，一字排开。在今天看来，这样的住房实在过于简陋，但在当时却是“社会主义新农村”的标杆。

1961年建村时，华西是江阴有名的穷村，地少人多，还被水洼河沟分割成1300多块。当1964年华西提出要建设一个“社会主义新农村”时，周边村都笑话他们是“吹牛大队”。

“可我们还就是把这牛给‘吹’起来了。”赵志秋说。从1965年开始，一直建设到1973年，村民按照村里统一规划，陆续都住进了第一代公寓平房，大队下辖的12个自然村落实现了集中居住，彻底告别了土坯房、茅草房。

“那时经济条件差，木材短缺，有人家把做棺材板的‘阴木’都用来建了房。”赵志秋回忆说，“我家在1969年虽然住上了村里统一规划的公寓平房，但也还了两年多的债。”

1980年，赵志秋结婚，后来又有了自己的小家庭。1982年，这个三口之家的小家庭就住上了村里统一规划建设的第二代公寓房——“火车楼”，楼上一间，楼下两间，共约120平方米。

所谓的“火车楼”，类似于城市里的“筒子楼”，二层高，长长的一排。不同的是，各家都设有上下楼的楼梯，一般是楼上一间楼下两间或楼上两间楼下一间，由此华西人住上了和城里人一样的楼房。“火车楼”从1975年开建，一直建设到1985年。

改革开放前，华西通过兴办副业，积累了村庄发展的“第一桶金”。改革开放后，华西如鱼得水，村庄经济噌噌地往上走，到1988年，率先成为江苏第一个“亿元村”。此时，村民对住房也有了更高的期盼。

1986年起，华西开始筹划建设高3层、每层3间的别墅。之后十年，约350栋别墅陆续建成，全体村民都住上了别墅，至此华西成为中国第一个“别墅村”。

大概是“第一”的记录太多，第一个“电视

华西村第二代公寓房。

这是2018年3月13日拍摄的江苏省江阴市华西村

村”、第一个“电话村”、第一个“空调村”、第一个“汽车村”……对赵志秋而言，住上别墅却没有之前住上第一代公寓平房那么激动。“现在房子多了，都住不过来了。”赵志秋说。

如今，赵志秋和村民们住的是2000年后村里建设的第二代带花园或游泳池的欧式别墅，面积达500多平方米。2017年，他又买了一套更大的别墅，加地下室共约650平方米。“我现在添了孙女和孙子，有这两套，也差不多够了。”赵志秋说。

“衣、食、住、行”是百姓生活基本需求。温饱阶段，“衣、食”优先；迈向小康，与“住、行”相关的“房、车”更受关注。作为中国村庄发展的一面旗帜，华西村也不例外，其发展一直紧扣村民需求。

到华西旅游参观，那些将各家各户连起来的长廊，令人印象尤为深刻。这些长廊是在20世纪90年代初修建的，有大有小，大长廊有约1000米，可通行汽车；小长廊据称有万米，通向每家每户。

“今天来看，这些长廊不利于汽车通行，也不美观。但在当时，村里就一个朴素想法，满足村民下雨天出门不用打伞、不湿鞋的愿望。”赵志秋说，“可谁也没想到，时代变化太快，1993年，村里就购置了第一批汽车。”

“发展为民”的思想一直贯穿于华西发展的

整个历程。这一点在华西村党委、村委办公场所的选择上体现得更为突出。

那是一栋修建于20世纪70年代的四层楼。建成时曾是村里最高、最“豪华”的楼，原是村办学校。后来，村校几经搬迁，这栋楼就空置下来，十多年前，开始用作村两委办公场所。

华西的大楼不少。1996年后，华西相继盖起了十座塔形大楼，其中1996年落成的金塔高达15层；2011年，龙希大楼建成，这是一栋高328米、与北京国贸大厦比肩的大楼，内设超五星级酒店；2016年，华西文体活动中心落成，拥有可容纳2500人的大会堂、一流的国际影院和健身房，还有可举办大型赛事的室内篮球场。但是，村两委的办公地点依然放在了那栋70年代修建的老楼里。

“直到前年，这地还是水泥地。去年才粉刷了一下，铺上了瓷砖。”赵志秋说。拥有自己的装潢公司，还在非洲开采高端石材的华西，并没有利用自身产业优势，为村两委的办公场所“打扮”一番。

在紧扣群众需求的同时，华西建筑也有与时俱进的一面。

金塔是早期华西标志性建筑。许多外人不解，华西为何要将楼修成塔的形状，外形多土气啊。其实，那时华西建设的中坚力量都是从农业时代成长起来的，在他们朴素的思想中，塔是吉祥的象征，所以他们选择将楼修成了塔的外形，既实用，寓意又好。

进入新世纪，因土地资源紧张，华西投资30多亿元，建起了74层高的龙希大楼，向空中增地。楼层高，装修和陈设又极尽奢华，这栋大楼一度遭受各方质疑，不过，它还是为华西带来了源源不断的游客，成为华西标志性建筑。

这些年，华西建筑更低调、务实，但设计感、现代感十足。文体活动中心是最好的例证，这个投资2亿多元、如同打开的一本书的建筑，外形现代，内部布局合理、实用，已成为村民休闲健身的主要活动地点。

打造一个“农村都市”，是华西下一步的发展目标。这个“农村都市”什么模样？华西还没有向公众给出一个答案。

“如今，华西35岁以下年轻人基本都有大学学历，许多人还有海外留学经历。”赵志秋说，“他们是未来村庄建设的主力军，村庄建设也必将更符合他们的‘口味’。”

（朱国亮/文）

1.3 向着改革的朝阳

广袤的成都平原上，曾烙印着一代代中国人吐故革新的足迹。如大禹治水、如丝路起源……每一次变革，都为中国的崛起和前进，开辟着新的方向。

而今，在曾孕育出三星堆灿烂文明的广汉大地上，又有一座小镇，在20世纪80年代初，冲破思想的桎梏，第一个摘下“人民公社”牌子，将自己与共和国的改革紧紧相连。

这座小镇，就是广汉向阳。

且让我们回溯历史，进入1976年的相框。

钟太银，时任向阳人民公社管理委员会办公室主任。他家吃不饱饭，6岁的小女儿钟敏饿得营养不良，被叫做“干虾儿”：“顿顿稀饭，一吹一个浪，一喝一个凼。风都能把我刮走！”

渴望灵活自主，广汉开始悄悄进行承包试点，解开了农民被捆住的手脚。但人民公社制度，是三面红旗之一，让农民们始终害怕，不敢放开手脚。

连续几年偷偷摸摸搞承包之后。1980年3月，广汉县委悄悄传达四川省委会议精神，决定摘下公社牌子。

钟太银晚上偷偷写好“向阳乡人民政府”的牌子，藏在办公室，黑着脸回家逼老婆孩子离婚。这可是冒着“取消红旗”杀头的风险！

婚最后还是没离成。钟太银第一个摘下了人民公社的牌子，党和政府的改革更摘下了人们心里的恐慌。广汉向阳成为“改革第一乡”，中国掀开了新的一章。

40年过去，“干虾儿”钟敏长得圆圆乎乎，从事乡镇文化工作。曾经的向阳仅有一条狭长街道，是农业公社，借着改革春风早早起步，如今初步实现了工业化和城镇化，39平方公里内集聚了3.5万余名居民，产业吸引务工2万余人，名列四川省工业特色镇之一。

绝大多数村民都已成为城里人，住房从农村变成了小区，分享着时代进步的幸福。瓦店村80岁村民宫斗莲，住的农民新居内休闲器械齐全，小区树荫底下，车位众多。她按月领取1300元社保款项，还用土地款给儿子买了一辆汽车跑运输。

曾经为了一口吃的操碎了心，而如今的向阳镇，大家基本都不种粮食了，但粮食却源源不断地朝着向阳而来——这里有国内知名的食品加工企业“米老头”，年销售额过10亿元，每年需

过去的向阳（穷苦群众）

1980年4月8日，广汉摘牌老照片。
（新华社记者刘前刚摄）

今天的向阳（全镇鸟瞰图）

求面粉上万吨，大米5000吨！其员工六成以上都是向阳本地人。产品甚至在国外超市都上架销售。

如今“米老头”的粮食基地规模在周边县市总量已达30000余亩，惠及农户6000余户，推行订单农业，每年与种植农户签订订单种植合同，对订单小麦以高于市场价0.1元/公斤进行收购。既保证了原料的供应和品质，又带动了上游产业链发展，推动了周边地区现代农业发展。

全镇基本形成了食品制造、电气设备、高端造纸三大支柱产业，拥有生产经营性企业328家，销售收入过亿元企业达29户。2017年，这39平方公里土地实现GDP27亿元，平均每平方公里要生长出近7000万元GDP来，同比增长高达9.6%。工业总产值更超过100亿元。

从孤立的镇域来看，向阳似乎已经不错了。

但改革第一乡，还在高速蝶变。

今天的向阳（场镇牌坊）

如果从空中俯瞰中欧班列，满载货物的火车从波兰罗兹启程，一路穿越欧亚大陆桥，穿越高原河谷，其中主要目的地之一，就是驶向成都——中国向西开放的前沿。

这条长龙的目的地，青白江国际铁路港，与向阳只一河之隔。

火车一响，黄金万两！守着中欧班列的黄金通道口，就如同拧开了流淌黄金的水龙头。这是中国改革开放，带给向阳再一次腾飞的机遇。

以青白江国际铁路港为核心，向阳镇紧密衔接配套，对成都国际铁路港整车进出口、肉类冷链进出口、木材及木制品进出口、粮食类进出口、水果类进出口等五大类产业进行延伸服务和配套。并依托合作区开展针对特色产业进出口口岸业务。据估算，从国际铁路港装车的货物，大约15天可抵达欧洲的任何位置！

这里还有美食的幸福。

火锅是四川的名片，而牛油火锅，是对四川火锅起码的尊重。在四川传统文化里，地道火锅就应该是牛油里烫牛毛肚，烫牛肉，烫牛杂……

而成都周边最大的牛市，就在向阳。这样的牛文化，催生出一个舌尖上的向阳：打造现代庖丁产业园，推进牛市搬迁重建，力争建成西南地区最大的牛杂火锅城。

于是就出现了这样的场景：无数口大龙头铜锅，滋滋沸腾的牛油，并排在一个大院子里，露天而坐，植被就是包间的隔断，阳光照在你的餐桌上，朋友家人就在你身边，你们围桌而坐，尽享饕餮……一到饭点，不少成都人都开着车，沿着各种快捷通道进入向阳，来追寻最新鲜牛杂的诱惑，这也是对美好生活的向往。

向阳就像活色生香的天府之国一样，既厚重，更轻灵；既气象开阔，更享受市井；既追求开拓，更着力经营。

向阳，永远向着改革的朝阳，再出发！

（谢佼/文）

20世纪80年代初，渔民村村民通过集体劳动每户实现了万元收入，每家建起了一栋带花园的别墅小洋楼。

1.4 老渔村的“智慧云”

从水草飘零的渔船人家到改革开放以来中国第一个“万元户村”，再到加载高科技设备实现智能化管理的现代乡村，深圳市渔民村的发展如同一本历史相册，每一页都记录着改革开放的精彩进程。

61岁的村民邓锦辉家如今已是四代同堂。渔民村现有村民250多位，邓锦辉不但认识其中每一位，了解村里每一户家庭，而且还见证了整个村子半个世纪的变迁。

渔民村人最早是漂泊在水上的人家，船既是他们的家，同时也是赖以糊口的生产工具。邓锦辉清楚地记得，由于父亲身体不好，每年生产大队算账的时候自己家总是由于超支领不到钱，只好在黑板上记上红字。

这是一张改革开放之初的老照片（上图），与香港一河之隔的渔民村被鱼塘环绕，养殖业成

为了渔民村最早的经济支柱。与香港一河之隔的渔民村被划入深圳经济特区管辖范围，为此后渔民村翻天覆地的变化埋下深刻的伏笔。

深圳成为改革开放排头兵，“深圳速度”创造了很多发展奇迹。邓锦辉回忆起激情奋斗的年代说：“我们村那时成立了陆上运输队和水上运输队，1980年我刚从部队退伍回来，也参加了运输队，干得热火朝天。”千载难逢的历史机遇、只争朝夕的拼搏干劲，让渔民村家家成了“万元户”，在1981年一跃成为中国第一个“万元户村”。在这一年，村里为全村33户居民统一盖起了33栋130平方米的别墅式小洋楼。邓锦辉回想起抽签时的场景说：“那是渔民村人祖祖辈辈都没住过的好房子，我们从来没有这么高兴过。”

然而滚滚洪流中，难免泥沙俱下。20世纪90年代深圳外来人口以百万计，到渔民村租房者络绎不绝。村民为了增加房租收入，两层楼加高至五六层。邓锦辉还记得，“不是不见天，就是一线天”的“握手楼”比比皆是，甚至还出现了“比萨斜塔”。昔日小洋楼沦为脏乱差的城中村典型。村干部邓志标等给村民们反复做思想工作，最终决定自筹资金1亿多元，把旧“别墅”全部推倒重建。

拆旧建新，仅用518天。村里2004年建起了1213套单元房，各户都享有1390平方米，价值以几千万元计，自住之外由村里统一出租。

这是一张2018年渔民村的航拍俯瞰图（下页）。昔日脏乱差的“握手楼”早已不见，变成了花园式的现代化楼群，特别在党的十八大以来，村里驶上了新的快车道。

这是邓锦辉日常生活中再普通不过的场景：准备回家接孙女的他用手机当“钥匙”，熟练地通过APP打开了单元门；下楼时，他顺手把快递纸箱带到了智能资源回收房，系统通过手机扫描识别用户身份之后，投放窗口自动打开，分类投放后系统自动称重纸类0.8公斤，云平台计算回收金额，即时传送到他的手机APP账户中，他可以在附近的生活物品自动发放机上兑换饮料；走在通往村史馆的长廊上，邓锦辉遇到了正在巡逻的小区保安，保安每到一个巡逻点可以用手机扫二维码签到……老渔村装上了“智慧云”，居民们开启了智慧新生活。

邓锦辉的儿子邓镇聪接过父亲手中的枪，选择了留在村里，2005年进入村办股份制公司深圳市渔丰物业管理公司，现在担任办公室主任的工作，将新知识和高科技带回了家乡，对渔民村进行智能化管理、绿色管理和可持续管理，通过探索“互联网+”智慧乡村管理新模式，续写着渔民村的新的辉煌。

邓镇聪告诉记者，城中村由于流动人口较多，流动性大，带来一系列管理方面的难题，儿时村里脏乱差的环境给自己留下了难以磨灭的记忆，所以他想为家乡多做些工作，“村里自己设立物业公司，就好像管自己的家一样，也会更尽心尽力。”邓镇聪说。

近年来，年轻的管理者们大胆创新，采用智能手段进行管理，有不少收获。渔民村启用“一站式”管理模式，渔丰物业管理公司设立流动人口和出租屋管理服务中心，由业主全权委托物业公司对出租屋实行统一出租经营、统一管理服务、统一宣传、统一代缴税费的“四统一”“旅业式”管理，从源头上杜绝“二房东”和“黑中介”介入。

而对于城中村垃圾满地的老毛病，物业公司要求保洁勤清扫，还以身作则每天安排管理人员到村里捡垃圾查漏补缺，此外，渔民村幸福万象小区于2017年8月份开始试点智能资源回收房，现在已有200多户注册，每天有55人次参与投放，一天清运垃圾30公斤到50公斤，节假日时达到100公斤左右，仅2018年1季度就投放纸类、塑料、玻璃、金属等各类垃圾共计7586.76公斤。

此外，渔民村不断创新探索发展模式，开发新的绿色经济增长点，成立戈宝绿业（深圳）有限公司，拯救濒危珍稀野生植物罗布红麻，创建了世界第一个罗布红麻保护区和科研基地，建立了中国第一个罗布白麻保护与研发区共计2万亩，产出占全国具纤维价值产量80%。

2018年3月26日拍摄的渔民村（画面前面的高楼）

渔民村渔丰股份公司总经理黄兴炎告诉记者，五年过去了，渔民村村民的生活质量进一步提高。如今，渔丰实业股份公司资产增长了20倍，保持每年20%到30%的增长率，实现了社

区、公司、村民三赢的局面，几千名外来居民在这里安居乐业。股份公司目前股东181人，2017年收入约1400万，2015到2017年每个村民分红约10万元。此外，因为管理不断提升和市场的变化，每个家庭出租房屋收入每年有8到9万的增长，2017年平均每户有约60万的年收入。

最近几年，人们提起深圳的城中村往往会想到躺着收房租的村二代。邓锦辉说，这样的情况在渔民村不存在，渔民村鼓励自己的后代去拼，去闯，去实现梦想，无论是一代、二代还是第三代的渔民村民，一直延续靠双手勤劳工作生活的传统，用奋斗换来美好生活。

（毛思倩、白瑜/文）

第2篇
红色热土

Chapter 2

左图：1964年，山西昔阳大寨公社大寨大队的女青年社员正在劈山造田。（资料照片）
右图：2017年4月12日，在江西省瑞金市叶坪乡大胜村，村民在村里的保障性住房“梦想家园”附近散步。（新华社记者彭昭之摄）

2.1 枫树坪的见证

在江西省永新县三湾乡，一棵古老的枫树参天矗立，见证着这片土地百年来发生的沧桑巨变。

“三湾降了北斗星，满山遍野通通明，1927那一年，三湾来了毛司令，带来将官带来兵，红旗飘飘进三湾，九陇山沟闹革命……”在革命老区江西省永新县三湾乡，这里的小朋友人人都会哼唱这首歌谣，悠扬的曲调历久弥新，仿佛能够带领人们穿越时光走廊，回到革命战争时期的峥嵘岁月里。

山野莽莽，岁月悠悠，历史总是在时空穿梭中传承延续。91年前，中国共产党人在这片土地上，领导了举世闻名的“三湾改编”，正式确定

1927年9月29日，秋收起义失败后，毛泽东率领不足1000人的起义军余部到达江西省永新县的三湾村，进行了著名的“三湾改编”。图为反映“三湾改编”的油画。

20世纪80年代，三湾乡三湾村。（资料照片）

了党对军队的绝对领导，开启了一段新的伟大征程。如今，中国共产党人又带领三湾人民，进行着脱贫攻坚的伟大历史战役，向贫困发起决战冲锋的时代号角。

三湾乡九陇村的村民肖逢才常年在外闯荡，在得知家乡打响扶贫攻坚战后，便回到家乡，在政府和党员干部的帮助下，成立了生猪养殖合作社，如今合作社的生猪出栏数500多头，毛收入达到120多万元。同时，他还联系村里一些年纪较大、无工作能力的贫困户，通过入股和务工等形式，贫困户每年能够增收一万多元。

在大山深处，干部群众勠力同心脱贫攻坚的例子比比皆是，反贫困的号角正响彻云霄。基础设施建设落后，三湾乡便统筹调配专项资金，村村通了公路、家家户户通了水泥路；产业发展乏力，三湾乡多次前往外地实地考察，成立九陇山丝瓜种植专业合作社，收获的丝瓜络用于开发鞋底、沐浴用品等高附加值产品，亩均收益2000多元；民生保障不足，三湾乡织牢了一张覆盖了医疗、教育、住房的生活保障网，让贫困群众在脱贫致富的道路上增强抗风险能力，少了后顾之忧。

如今，一排排鳞次栉比的新房代替了过去的土坯房，屋顶上的蓝色琉璃瓦在阳光的映照下闪闪发亮，远处青山苍翠、林间溪水潺潺，一幅人与自然和谐共生的田园风光呈现于世人面前。脱贫致富后的三湾人民脸上，也开始浮现出一张张笑脸。随着三湾乡的面貌得到极大提升，络绎不绝的游客来到“三湾改编”纪念馆、毛泽东旧居、工农革命军第一军第一师第一团团部旧址等红色景点，当年见证毛主席发表讲话的那棵枫树依旧守望于此，似乎在向过往的人们诉说着那些年来的金戈铁马。

时间是最好的记录者，“三湾改编”的发生地，正发生着前所未有的巨变，穿越时空的三湾精神，正指引着这片红色热土上的人们大踏步走向幸福美满的小康生活。

（范帆/文）

2018年3月23日，三湾乡三湾村。（新华社记者范帆摄）

2.2 今日陕北好江南

南泥湾，距离革命圣地延安仅50公里。抗日战争时期，由于敌人封锁，边区粮食和生活用品十分匮乏。1941年，八路军120师359旅在旅长王震的带领下驻防南泥湾，一边练兵，一边垦荒，还给前线送去粮食，南泥湾也成为“自己动手，丰衣足食”的一面旗帜。

在延安市宝塔区南泥湾村，72岁的侯秀珍翻出一张已经泛黄的老照片，照片里的老汉戴着毛帽子、披着军大衣，有着消瘦但棱角分明的脸庞。“这是我的公公刘宝寨，当时在三五九旅当副连长。”

三五九旅进驻南泥湾后，以每人每天开荒三亩多地的革命精神，三年的时间就让这片曾经的荒芜之地收获粮食37000担，粮食自给率达200%。

“那时候可苦了，白天开地，晚上打窑洞，没处住。他们的口号就是一把镢头一杆枪。九团九连还出了一个‘气死牛’，一天能开三亩七分地，开一天，下午也不休息。”侯秀珍说，“南泥湾的许多粮田，都是我公公和他的战友们一起开垦出来的。他们还在陕北的土地上，第一次种植成功了南方的水稻。”

随后的三十多年中，先后有近万名复转军人和知识青年耕耘于南泥湾，继续为国家贡献粮食。而以粮为纲，让南泥湾的生态逐渐遭到侵蚀，水土流失日益严重。山上有耕地，川道种水稻，还有一群群的牛羊，这曾是南泥湾独有的景致，但“庄稼种得多产量低，牛羊满山啃得草都长不上来。一下雨山上的水冲得川道里的稻田也种不成。”

为了改变老区人民越垦越穷，越穷越垦的生存怪圈，1999年，延安响应国家退耕还林的号召，开始了大规模的生态建设工程。父辈开荒我造林，“兄妹开荒”逐渐转变为“夫妻种树”，也是在那一年，时任村里妇女队长的侯秀珍开始带领村民们上山种树。“我们这一代人，就要去把这些补回来，咱们的生态不能再破坏了。”

“我还记得我们当年种的第一拨就是槐树。槐树不仅长得快，还能自己不断生出新苗。就这样我们一年接一年地不断种树，这里的林子也就越来越多，再不是我们当年那样光秃秃的山了。”侯秀珍说。

现年52岁的南泥湾林场工人宋耀斌，从1999年到2017年，一个人就种下了一大片林子。“到现在我个人栽的可能有将近300亩，一亩刺槐就是220株。”宋耀斌说。

经过近20年来坚持不懈地实施退耕还林政策，南泥湾镇植被环境持续改善，目前森林覆盖率已超过80%，门前屋后逐渐变绿，远处山坡逐渐成林，一些已经消失多年的野生动物又重现山林。优美的生态也受到游客青睐，观光稻田、森林养猪、生态养鱼等绿色农业的发展同时使当地群众在绿水青山中实现丰衣足食。2014年，南泥湾农民年人均收入就突破了万元。

在南泥湾镇党委书记赵东看来，作为革命圣地，南泥湾群众的光景还可以过得再火热些。“以前没有吸引人的特色景点，加上没有成型的旅游模式，这里也留不住人，当地群众想依靠旅游增加收入比较困难。”赵东说。

为了突出南泥湾的“花篮形象”，促进旅游发展，近年来，南泥湾对镇上一部分土地进行重新规划，种上了各种花朵。“现在我们这里不但有绿色植被、红色的历史，还多了成片花海，游客来了都想多停留几天。”赵东说，他们这里正在探索发展“轻度假”模式。

游客的到来，也带火了当地的特色餐馆。一家名为李冲香菇面的后厨师傅何志伟算了一笔账：“2017年夏天，我们店每天都要卖出近两千碗面条，两个月就完成了去年半年的营业额，全年营业额超过两百万元。”

“门前的花田里，到处都是拿着相机的游客，来旅游的车沿着马路边停得望不到头，村里的饭馆还得排着队吃饭。”侯秀珍说。更大的变化也正在酝酿之中，当地政府正在和陕旅集团合作，准备进一步开发南泥湾的旅游资源。在不久的将来，旅游将成为带动全镇发展的强力引擎。

1940年，八路军359旅在南泥湾开荒。（新华社发）

（邵瑞/文）

2016年9月11日，南泥湾稻田。（新华社发，刘阳摄）

2.3 春风又绿虎头山

20世纪60年代陈永贵（左三）、郭凤莲（左五）等的合影。（资料照片）

春风又到虎头山，满坡新绿、姹紫嫣红，络绎不绝的游人来这里走进自然，也感知历史。

“太行山，山连岭，岭连山。万山丛中，有一座山峰，名叫虎头山。虎头山根，有一个山村，名叫大寨。”这是1963年《人民日报》上一则新闻的开头。这是向全国介绍山西省昔阳县大寨村的第一篇报道，之后15年，全国以至世界的不少人来到这个太行山村，参观虎头山“海绵田”，学习大寨人战天斗地的精神。

而今，虎头山退耕还林成了森林公园，大寨成为4A级景区。

到大寨旅游，宋立英土特产店是人们经常光顾的地方。

89岁的宋立英曾任村妇女主任，是当年闻名的大寨劳模之一。她住在商店后面的窑洞里，虽然村里盖了新楼房，但她还是愿在老房子里住。慕名而来的寻访者不断，满头银发的老人热情而耐心地和来人合影，有空闲也坐下来聊往事、说变化。

老人幼时随父母讨饭流落到大寨，十来岁就跟妈妈出去帮佣，只为管顿中午饭，吃不饱可还要省下个窝头给没饭吃的妹妹。20世纪五六十年代，宋立英他们在虎头山上流血流汗，通过深挖疏土将荒山改造成能涵养水分的海绵田，村里人吃上饱饭，还积极将不断增产的粮食上缴国家。自力更生、艰苦奋斗的努力使大寨名扬天下，“农业学大寨”的口号响遍全国。

改革开放的春风吹来后，大寨出现了个体户。年轻的赵华晓不顾家人反对，辞去工厂“铁饭碗”，在村里开起小卖部。刚开始村里人很不理解，可仅一年，赵华晓就成了“万元户”，村里人吃惊了。

1983年初，大寨实行家庭联产承包责任制，开始了家庭副业。这是一名村民在村口喂猪。（资料照片/新华社发）

在时代大潮推动下，大寨逐渐从土地刨食中走出来，开始二次创业。重新回村任支部书记的郭凤莲带着宋立英等村民走出太行山，到沿海参观学习。宋立英记得，外地欣欣向荣的乡镇企业，让她们大开眼界，曾和郭凤莲“两人兴奋得一夜没睡，聊了一夜打算！”

几年时间里，大寨村创办了水泥厂、发煤站、衬衣厂、酿酒厂等多家企业，大寨人走出黄土地，传统农业村变为工业村。村民收入迅速增加，不在虎头山上拼力开山刨地，却吃得更饱、更好了。

20世纪70年拍摄的大寨村。（资料照片/新华社发）

后来适应社会发展，大寨主动关闭了水泥厂、发煤站等污染重的企业，成立了旅游开发有限责任公司，各户都出资入股。

来旅游的人多了，常有人打听着来找宋立英，和她聊天、照相，还要她签字。只在扫盲班识得几个字的宋立英刚提起笔来还真有点儿局促，可花了点儿功夫练字呢。有人建议她开个店卖些写大寨的书等，也是宣传大寨。经过一段时间犹豫，她觉得自己也要跟上时代变化，将临街的屋子收拾了一下，开了个旅游纪念品店，以自己的名字命名。

“最近这几年村里的变化可是真大。”坐在自家店里，宋立英说。

党的十八大以来，大寨全面向旅游景区转型。依托大寨的红色文化和虎头山4A级景区，大寨旅游业追怀凭吊，山下大寨风声水起。宋立英和老一代大寨人当年“白天治坡、晚上治窝”奋战的狼窝掌、建造的老窑洞等都成了景点。虎头山上三季有花、四季常绿，山上周恩来总理登山纪念亭、郭沫若纪念碑、陈永贵墓等引得游人纪念馆里翔实地展示介绍了大寨那段引人注目的历史。

2013年3月，大寨人民公社旧址被列为第七批全国重点文物保护单位。2016年12月，大寨村被列入第四批中国传统村落名录。

宋立英20平米的店面，旺季时常被游人挤得水泄不通，相邻的陈永贵故居也常挤满人。宋立英的店现在由她的一个晚辈看店，一年有几万元的收入。店里有各种大寨纪念品，特别突出的是介绍大寨和宋立英的有关书籍。

新一代的大寨人也在建新景点，2017年“80后”大寨小伙赵明星筹资在村口建成了一家红色博物馆，主要展出“农业学大寨”时期的大量年画，还有一些老物件，火柴盒、手电筒、茶缸等，不仅能勾起上年纪人的回忆，还可满足不少年轻人的好奇心。

“大寨乡村旅游发展势头迅猛。2017年，有六七十万游客畅游大寨，即便在冬季，游客依然不少，实现了淡季不淡、旺季更旺，带动了大寨村的全方位发展。”郭凤莲说。

“二次创业”时创办的企业全面向网络转型。2015年“大寨粮仓”上线，主要经营农产品加工、贴牌生产、乡村旅游等。

2018年，大寨村村口景象

宋立英店里一种特色食品很畅销，叫“压饼”，用玉米面烤制而成，是20世纪六七十年代村里人吃上饱饭后开始制作的，能提高口感又便于携带保存。八九十年代食品丰富了，很少有人家再做，而今成了旅游产品。今年，大寨粮仓公司在原来压饼的基础上，加入中草药石斛，研制成石斛脆饼，成了以补气为主的功能食品。大寨集团顾问王栓玺说，这一新产品将在高铁上售卖。

富起来的大寨开始反哺农业和农村。宋立英眼看着村里不停地变化：单元楼晚上亮了起来、有了村民活动中心等等。2018年大寨将改造老窑洞，铺设下水管道。村支部书记贾春生说，近几年来，村里围绕美丽乡村建设拿出两三千万元用于基础设施建设。

当年全村人拼死拼活种的农田，现在只需由20多人组成的“农村组”来干。“农具、种子、化肥等都是集体的，农民们像工人一样，按时种地领工资。”宋立英说。

如今，大寨村集体经济达到了2.6亿元，村民们安居乐业、有房有车，人均年收入2.3万元。

党的十九大以来，大寨村又有了新变化。2018年1月，在宋立英家的不远处，大寨干部学院正式成立。大寨干部学院是山西省委确定并重点支持建设的四个省级党性教育基地之一。

（王文化、王井怀/文）

2.4 “土改第一村”的三个故事

黑龙江省尚志市元宝村，是周立波小说《暴风骤雨》的原型地、中国共产党人最早掀起土改的地方。现在，这里已成为黑龙江省有名的亿元村、小康路上的领头雁。它过去的穷和现在的富同样醒目。

对周边十里八乡来说，元宝村有“三宝”：

2017年9月15日，黑龙江省尚志市元宝村党总支书记张宝金在翻新后的暴风骤雨纪念馆中。在“土”中谋发展，在“改”中再奋进。党的十八大以来，面对新机遇、新挑战，张宝金带领元宝人，闯出小山村的发展新路。（新华社记者王凯摄）

一是77岁的老支书张宝金，在他带领下“光腚屯”成为历史；二是铅笔产业园，全村铅笔板产量占全国60%，铅笔产量约占全国1/4；三是科学种田，一直走在当地前列。

下面，让我来告诉你发生在“土改第一村”的三个小故事。

故事一：别开生面的“夸富会”

“来，闻闻这稻穗多香，瞅瞅籽粒多饱满。”在随风轻舞的稻浪中，元宝村农民郇金德夸起了自家水稻，“我这‘稻花香’垧产指定超过一万七千斤。”

这是去年秋收时，元宝村的田埂上开的一场别开生面的“夸富会”。

六七年前元宝村还是玉米“一统天下”，种玉米省事，效益也还行。但村党总支书记张宝金提出了不同看法，农村家底薄，土里刨食更得重效益。同样一块地，种水稻收入高，亩收入多出四五百元，他提倡旱改水。

当时很多人不愿改。有的说“种了一辈子旱田，不会种水稻”，有的说“种苞米挣得少但省力气”，有的嘀咕“万一赔了咋办”。

张宝金没有“强压头”，他带着党员先试种“打样”。郇金德是村里第一个吃螃蟹的人，张宝金带着他一次次去学习种植技术，一夏天几乎长在稻田里。“金德你干，要是赔了，我给担一半。”张宝金说。

科学种植加上细心管理，水稻迎来大丰收，郇金德乐得合不拢嘴。村里免费给打井、免费教技术、免费用插秧机，尝到了甜头让改种水田的人越来越多，元宝村水稻面积发展到5700亩，超过全村总耕地面积的一半。

2016年国家取消东北玉米临储政策，玉米市场整体遇冷。但元宝村由于结构调整早，水稻亩收益比玉米高几倍，农民的损失降到了最低。

张宝金说，“夸富会”就是让大伙进稻田，实地看看收成。元宝村是“土改第一村”，要想靠土地挣钱，还得在改革上谋划道道儿。

故事二：铅笔“变形记”

农村要富，工业是火车头。改革开放初期，元宝村就办起农具加工厂、筷子厂、铅笔厂等企业。其中，元宝村铅笔企业数十家，产品远销到世界各地，被称为“亚洲铅笔之乡”。

但在头两年，元宝村的铅笔突然卖不动了，产品积压。老支书张宝金坐不住了，他沿着村里的黄泥河一遍遍走，吃不香、睡不好。

乡亲们心疼老支书，都劝。有的说“不光咱，哪都不景气”，有的说“等等看，说不定挺过去了”，还有的说“不行向上级要点扶持”。

张宝金不吭声。耳边黄泥河哗啦啦的水声似乎与30多年前没啥两样，但河岸却沉积着全村的奋斗史，使昔日吃粮靠返销、生活靠救济、花钱靠贷款的“三靠屯”变为亿元村。面对新常态，老支书岂能服输?

“放挺只有死路一条，等靠要，咱元宝人不能有。”张宝金带领大伙走市场，甚至远赴东南亚找滞销原因。症结找到了，韩国、日本在印度、越南等地建铅笔厂，人工仅是国内1/4，再拼价格肯定不行。

出路还是改革。中央提出“三去一降一补”，元宝村年产2亿支铅笔，但每支利润不足1

分钱的模式必须淘汰。张宝金提出低端改高端，提高附加值，价格比不了，那就比质量。

在张宝金发动下，村集体的铅笔厂带头，逐步放弃低端市场，向“高大上”和报纸卷笔等绿色新品转变。哈尔滨元宝山制笔有限公司总经理于宪臣说，以前日产铅笔100万支，每支利润2厘，改革后日产40万支，每支利润1角多。

转型引来“金凤凰”。2017年元宝村与安徽省投资者达成合作，安徽省蚌埠市雪莲铅笔厂计划投资价值3000万元的设备。雪莲铅笔厂厂长

2012年6月18日，几位妇女刚从村里的铅笔厂下班骑车通过元宝村门楼回家。（新华社记者王建威摄）

王和平说，中国是世界上最大的铅笔生产国，正处于产业升级的关键期，而元宝村有非常好的基础，值得合作。

现在，铅笔又成为元宝村当之无愧的“财柱子”。在相关产业带动下，元宝村户均存款达18万元。

故事三：煎饼铺又火起来了

清晨三四点钟，很多人还在梦乡，村民孟凡华就和妻子开始给当天要做的煎饼准备原料了。

磨面、和面、摊饼……两间几十平米的宽大制作间里，很快就腾起了白雾，空气中弥漫着浓浓的米香。

“村里开秧歌会，一下午卖出了600斤煎饼。”孟凡华现在一点都不为煎饼的销路发愁了。

屋顶升起了袅袅炊烟，给依然漆黑的夜空挂上了一抹“白云”。孟凡华喜欢这炊烟，他说：“两年前，煎饼铺差点‘熄火’再也不冒烟。”

孟凡华开煎饼铺纯粹是白手起家。9年前，他家“穷的叮当乱响”，为过上好日子，他决定租村里一个小房子做煎饼。

可是，他手里一分钱没有，咋办呢？孟凡华抱着试试看的心态，找到了老支书张宝金。

回忆起借到钱的那一刻，孟凡华至今还很激动。他骑着电动车带老支书去现场看，回来后，老支书随即以个人名义借给他10万元，还捎来一句话：“你年龄虽小，但敢想、能干，那就使劲干吧！”

“咱得干出样来。”孟凡华下了决心，由于做工精良、诚实守信、煎饼越来越受青睐，在元宝村及方圆百里都小有名气，

孟凡华乘势扩大了生产规模。产品开始转向高端的礼品煎饼，又雇了十二三个工人，高峰时每年能卖出12万多斤，纯收入超过20万元。

党的十八大以来，中央加大从严治党力度，畸形的公款消费得到治理。孟凡华煎饼铺的礼品煎饼，也受到了影响。

有些曾经的老客户告诉他，煎饼虽不贵，但也不符合政策要求，不能用公款买土特产。

2017年9月13日，黑龙江省尚志市元宝镇元宝村农民在抢收早稻。（新华社记者王凯摄）

到2014年，礼品煎饼几乎无人问津，煎饼铺销量减少一大半，各种成本算到一起，几乎撑不下去了。

咋办？孟凡华再一次想到了村党支部，想到了老支书。

老支书说，周围的老百姓还是喜欢吃煎饼的，但是，把煎饼做成礼品，还带上花里胡哨的包装，既浪费又不实用，老百姓肯定不愿意买。

“我开始转变经营思路，从礼品转变成亲民路线，把价格降下来。”孟凡华说。

不改不知道，一改吓一跳。孟凡华的煎饼小屋再一次热闹起来。

“老百姓都到家里来争着抢着买我的煎饼，”孟凡华说，一天至少能卖1000斤，每天净利润就能达到1000元左右，“煎饼又卖得好了起来。”

如今，在孟凡华的煎饼厂，两大间宽敞的制作间摆放十多台新增的摊煎饼“鏊子”，工人们头戴卫生帽、身披围裙，娴熟地将一团团面糊做成了一张张金黄的煎饼，然后轻巧地将它们揭下来放到案子上。厂房门口，不时有村民和经销商来购买刚刚做出来的煎饼。

为了让村里像孟凡华一样能干的创业者更安心，元宝村除了在政策、资金方面给予支持，还不断改善村里基础设施建设，发展旅游业，吸引更多人气。

“咱是土改第一村，全国都有名，等村里的旅游发展了，铺子会更红火。”孟凡华充满信心。

（王春雨、强勇、王凯、潘祺/文）

2.5 “民改第一村”土地之变

清晨，位于西藏自治区山南市乃东区城郊的克松社区中，年轻人开着旅游客车，驶上社区宽阔笔直的水泥主干道，前往市区做生意；几个孩子在社区门口登上校车，同样前往市区上幼儿园。老人们有的聚在甜茶馆中喝茶谈天，有的正在打扫房前屋后的街道。整齐的藏式小楼住宅区旁，农田里的冬小麦已经返青。

时间回拨40年甚至更久，这些田地曾是这个村庄的一切。40年间，这片西藏最古老农区的人们，逐渐从农田中走出来，拥抱新的生活方式。

克松社区位于雅砻河谷。人类在这里有悠久的耕种历史，这片河谷也被誉为“藏文化之源”。而在黑暗的封建农奴制建立之后，农奴就被繁重的劳役和赋税束缚在了土地上。

1959年，西藏实行民主改革，第一个民选农民协会、第一个农村党支部等相继在克松成立，昔日的农奴拥有了自己的土地，克松也因此被誉为“西藏民主改革第一村”。此后，人民公社成立。生活渐渐好转，但没有人知道在田地之外，是否还存在其他可能性。

1984年，克松乡恢复，实行家庭联产承包责任制。改革大潮再次在这里风起云涌。随着农业生产效率不断提高，劳动力从土地上解放，也开启了克松非农产业的发展。

“肚子吃饱了，就想着致富了。”1984年，22岁的村民达瓦当起了“个体户”，在农闲时带着剩余的粮食和一些小日用品，到附近的牧区交换畜产品。

一年后，村民土多买了村里的第一台东风卡车，并发展成为村里第一个“万元户”。此后，大大小小的运输车辆便在克松雨后春笋般出现，农产品加工、采石、建筑等行业也悄然兴起。1985年，克松的非农产业收入达87000多元，是1980年的近三倍。

此时，达瓦因家庭困难，没赶上克松第一波“下海”潮。直到1998年，他贷款3000元买了辆手扶拖拉机，随后车型不断翻新：东风卡车、收割机、中巴车、翻斗车、重型卡车、出租车等。家中的二层小楼，女儿在拉萨的新房，无一不是达瓦靠跑运输挣来的。今年1月，他又添购了一台私家车。

“西藏经济底子薄，但党和国家出台好政策，税收上减免照顾，资金上有贷款扶持，让我们也能追赶内地，过上好日子。”回想这些年的变化，达瓦十分感慨。

如今，克松社区242户居民中已有115户保有

西藏民主改革前，农奴阿男一家7口人住在贵族的马棚里，每年以服乌拉差抵租。（资料照片）

车辆。从前迎着朝阳下地的生活，已变为开着车进城赚钱的时尚。

但土地并未荒芜。

仓决和丈夫在社区经营一家甜茶馆和商店。农忙季节，两人会下地干活，但关店时间从不超过两天。因为，家里的9亩田地已经雇人打理。

“村（社区）里还有耕地机、收割机，我们各家各户使用只收油钱。”仓决说，“地里的活很快就能干完，什么都不耽误。”

左图： 2018年3月27日，克松村的孩子们登上校车出发去幼儿园。（新华社记者觉果摄）
中图： 2018年3月27日，来自西藏山南市曲松县的老年人到克松村参观。（新华社记者觉果摄）
右图： 2018年3月27日，克松村致富能手达瓦准备开车出行。（新华社记者觉果摄）

目前，克松社区有可耕地1578.45亩，农机化作业率达98%。而非农产业收入已在2017年达到2600多万元，占农村经济总收入的近九成；社区872人中，300多人常年外出务工，年人均收入超过17000元。

生活富裕了，还要有文化。克松人对教育的重视，让1984年起在克松乡担任干部的索朗顿珠记忆犹新。

“80年代中期，一家两三个孩子里，父母经常会留一个在家帮忙。”75岁的索朗顿珠回忆，“我那时候经常上门劝学，‘现在条件这么好，怎么能不让孩子们上学呢？’”

1985年，西藏开始对义务教育阶段农牧民子女实行包吃、包住、包学习费用的“三包”政策；2011年，免费教育延长至从学前到高中阶段教育（含中职教育）的15年，覆盖所有西藏籍学生。

13岁辍学的达瓦下决心不让孩子们重蹈覆辙。小女儿益西措姆上小学时，他将女儿转到山南市区，夫妻二人也去城里租房子，陪女儿读书。

“我是克松第一个到城里上小学的人。”益西措姆说，那时上学的最大动力，就是不让父母的汗水白流，“爸爸为了我，什么都能做。”

女儿没让达瓦失望。上海交通大学毕业后，益西措姆回到西藏，在自治区人民医院检验科工作，为高原群众健康服务。

居委会党委第一书记卓玛介绍，目前，社区内共有在校大学生50多人，是十年前的约5倍；义务教育入学率已达100%。

党的十八大以来，克松再次迎来巨变：国家投资3000多万元，启动“生态文明小康示范点”建设，实现家家通水通电通网，户户门口通硬化道路。这已是克松改革开放以来开展的第三次房屋和环境改造工程。

如今的克松，村容整洁、生活富裕，人口是1959年的近三倍，比改革开放初期增长近四成；农业经济总收入从1998年的544万元提高到2017年的2988多万元，17户贫困户已全部脱贫。

翻天覆地的变化中，有一种传承不曾改变。这个在中国共产党领导下率先摆脱奴役枷锁、走上自由与发展之路的村庄，群众感党恩，干部有劲头，齐心协力为美好的明天奋斗。

卓玛介绍，社区共有党员158人，每名党员都写了承诺书，为群众办实事、解难题，完成后记在一本积分簿上，作为评选优秀党员的依据。

68岁的老党员多吉，承诺“帮助看堤坝，汛期密切注意可能出现的险情”。遇到降雨量大的日子，他经常半夜起来，四处看看有没有险情，“我们党的宗旨是为人民服务。作为老党员，我更应作出表率。”

居委会党委书记边巴次仁带领的两委班子已连任十年，他感谢群众的信任，也深知使命的光荣：“我们乃东区是西藏农村改革试验区、国家级现代农业示范县，随着国家实施乡村振兴战略，我们再次迎来发展的大好机遇，克松村的未来一定更美好！”

（薛文献、王沁鸥/文）

2018年3月的克松村全景。（新华社记者佘刚摄）

第3篇

小康路上

Chapter 3

左图：1980年春节前，四川彭县农民陈开方（前右）买了一台价值人民币520元的12英寸黑白电视机，引来乡亲们羡慕的目光。（新华社发）

右图：2017年1月24日，吉林省和龙市南坪镇高岭村村民白羽荣在展示新购置的液晶电视。（新华社记者王昊飞摄）

3.1 为"干"字树碑

曾经资源贫瘠、水土流失严重、人均收入只有90元的辽宁丹东大梨树村，在村党委班子带领下，一届接着一届"干"，全村人依靠"苦干实干加巧干"，经过30多年的奋斗，把一个昔日的荒山沟改造成了"中国最美乡村"，村里人不但拔掉了"穷根"，而且过上了"像城里人一样的好日子"。大梨树人坚定地按照党的政策，几十年如一日践行"干"字精神，创造了一个贫困山村实现可持续发展的生动实践。

"20多年前，这里满山荒草丛生，山石遍野，我们硬是一锹一镐给干出来。"大梨树村党委书记毛正新介绍说，仅用10多年时间，改造荒山整修梯田1.6万亩，建造了2.6万亩果园，整治河流14公里，修建水库5座，在群山中建成87公里的山地生态观光小路。

改造山河仅仅是大梨树人实现梦想的一个缩影。30多年来，他们靠勤劳的双手建成了以万亩果园为代表的特色农业，金翼钛业为骨干的集体工业，凤泽市场为龙头的现代商业，农业观光为品牌的乡村旅游业，村集体总资产超过4亿元，村可支配财力突破5000万元，年人均纯收入达到2.2万元。

苦干实干加巧干贯穿了大梨树的发展史。"干就要靠苦干、实干加巧干，苦干就是弯大腰、流大汗；实干，必须重规律、求实效；巧干，一定要讲科学、闯市场。"老书记毛丰美的这句话让大梨树人刻骨铭心，这种"干"字精神也贯穿了大梨树整个发展史。

1980年，33岁的毛丰美当选大梨树村党支部书记后，带领村民从蹲票房北上倒卖土豆开始创业，有了第一桶金后开始向商贸、服务业发展，10年间村集体有了一定的经济基础。毛丰美开始将目光盯上自家门口的荒山秃岭。

"虽然外出经商可以致富，但大梨树人的根还在这片荒山上，必须要把这片山治好，才能彻底拔掉穷根。"

1989年10月，毛丰美带领党员、村组干部和专业队伍120余人进驻山沟，连干40多天，一口气建成500亩标准果园，为全村百姓打样。第二年春天，村里组织全民大会战，修环山梯田，没有现代化机械，全靠镐刨锹挖，砍荆棘、清场子、挖树坑、凿石头，一双双手磨出了血泡，一张张脸吹爆了皮。

10多年间，全村投资2000多万元，先后组织

上图：20世纪70年代末的大梨树村民房。

下图：20世纪80年代初的大梨树村民房。

大小会战近百场，出工10万多人次，治理荒山20多座，把5个村民组的荒山全都连成了片，昔日的荒山成为名符其实的花果山，被称为“新桃花源”。

为了增加项目，他们建起草莓、葡萄、特色蔬菜等暖棚，填补了当地冬季特色采摘的空白；举办赏花节、摄影节、药王庙会等节会活动聚揽游客；精心选择杏、桃、梨、苹果等优质果树品种，打好时间差，让花果山从5月到10月随时可以采摘新鲜水果。

30多年来，大梨树人用自己艰苦的实践和成功的经验把“干”字打造成大梨树人的一种精神、一种文化。“干”字精神流淌在大梨树人血液中，浸润在大梨树人的骨子里。

到过大梨树的人无不对大梨树的“干”字精神肃然起敬，同时很多人也在思考一个问题，大梨树的干劲从何而来？大梨树村党委坚持崇高的理想信念，树立“让全村百姓过上和城里人一样的好日子”的目标，坚信跟党走，听党话，跟党干，就会让百姓过上幸福的生活，实现大梨树人的梦想。

无论是村干部还是村民对老书记毛丰美评价的最多的一句话是“他有政治头脑”。

毛丰美带领村党委几十年来对党保持着高度的忠诚，对党的理论方针政策真学、真信、真用，并转化为强村富民的具体实践，为大梨树村

的发展闯出一片新天地。

20世纪80年代初，大梨树村是“吃粮靠返销，花钱靠贷款，村干部工资靠社员交”。社员一年到头吃不上一顿肉，买不上一件新衣服，当地民谣唱到：“树叶青树叶黄，村村队长干不长。”

1985年，中央出台了进一步活跃农村经济的10项政策，善于捕捉信息、琢磨政策的毛丰美决定抢抓先机进城开宾馆。这一下不但要花掉前些年攒下的20多万元家底，还要贷款100多万元，天文数字让村民们心惊肉跳。毛丰美带领村民代表到南方考察，一户一户做思想工作，1986年，凤城历史上第一家宾馆由大梨树的村民开起来了，大梨树从此也迈出了商贸兴村的第一步。

1992年春天，邓小平南方讲话后，毛丰美高兴地和农民说：“中央又有新精神了。”那一年，村里投资1500万元，只用7个月的时间在火车站附近建起了辽东地区最大的封闭贸易市场，为城乡提供2000多个就业机会，每年为村里创收300多万元。此后又上马多家村办工业企业，兴办乡村旅游，走出了一条农工商贸旅一体化发展道路。

“干部喊破嗓子不如甩开膀子”，这是毛丰美常挂在嘴边的一句话，他是这样说的，也是这样做的。村里的人说：“人们怀念老书记就是想他和大家一起干。”

现在的大梨树新村

现在的花果山

1986年，在大梨树做出成绩的毛丰美被县里相中，动员他到畜牧局做副局长。毛丰美却说：“对村民的诺言没有兑现，哪儿也不去。”1988年，县里要提拔他做副乡长，他再次拒绝。1992年，上级破格提拔他做分管农业的副县长，他还是拒绝了。他说：“我是党的干部，我要留在这儿，和百姓一块儿苦、一块儿干、一块儿过。”

在大梨树发展史上，有一段经历让大梨树人难以忘怀。大梨树的工业经济曾经有过辉煌岁月，为村里积累大量的财富。在村党委的引导下，大梨树人不是放松下来，更没有停止“干”的步伐，他们将工业经济创造的财富，全部用来

反哺农业和旅游业及村集体资产。当乡镇工业步入低谷的时候，大梨树人却在发展中壮大了，成熟了，在发展中寻找到了新的空间。

2014年9月，毛丰美去世后，毛正新接过重担，带领大梨树村新一届党委继续开启大梨树村“二次创业”。

新一届村党委在全村拔掉“穷根”“过上与城里人一样的好日子”以后，又提出发展的第三阶段目标：“让全村百姓过上城里人羡慕的日子”。

（于力/文）

3.2 盐碱地长出“新疆第一村”

达西村村民以前住的土块房。

清明时节，贵如油的春雨并未如期而至，但在有着“新疆第一村”之称的达西村却已是满地新绿，田间地头满是忙碌的身影。不远处，笔直宽敞的道路，规划整齐、特色鲜明的“达西风情街”，欧式风格的白色洋楼，与片片新绿交相辉映，而这里以前却是白茫茫的盐碱地。

“达西”在维吾尔语的意思是盐碱地。曾几何时，“达西碱地白花花，庄稼歉收日子苦。大人肚子饿常唱歌，巴郎子露着光屁股。苦日子啥时到尽头，盼望甜蜜的日子来。”这是昔日达西村的真实写照。昔日的达西村风沙、盐碱肆虐，乡亲们吃尽了苦头，一年到头产不了多少粮食，吃粮靠返销、生产靠贷款、生活靠救济，是远近闻名的“三靠村”，贫困曾经伴随着几代人。

“那时的达西村农业生产结构单一，没有一块好条田，没有一条好渠道，没有一条好道路，没有一间好房子……”达西村党支部书记沙吾尔·芒力克用“什么都没有”形容过去的达西村。而在短短三十多年间，达西村已经从一个“三靠”的贫困村变为“新疆第一村”，集体经济实力雄厚，农民人均收入位于新疆前列。

步入达西村，映入眼帘的便是宽阔笔直的柏油马路，错落有致的别墅群，达西风情街内，迎面而来的都是一张张笑脸，沙吾尔·芒力克不停和村民们打着招呼。作为一名土生土长的当地人，今年70岁的沙吾尔·芒力克担任村党支部书记已经三十余年，村里的变化他历历在目。

"我们村就是在盐碱地里长出来的。"地处塔克拉玛干沙漠边缘的达西村，当时环境恶劣，自然灾害不断。沙吾尔·芒力克和村党支部一班人带领各族村民消碱、开荒，推广耐盐碱作物，几年间，硬是把贫瘠的土地和戈壁荒漠改造成良田。

"要想改变，必须实干。"这是沙吾尔·芒力克说得最多的一句话。变山变水先变人，变人先变带头人。改革开放的东风吹进达西村后，沙吾尔·芒力克和支部成员又带头集资办起了砖厂、农贸市场、家庭农场……在村民的不懈努力中，村集体经济从无到有、从小到大发展起来；党员干部通过学知识，用科学技术种田，带头走出家门闯市场，带着乡亲们走上了致富路。

依托蓬勃发展的集体经济，早在2005年达西村全村农民人均纯收入达7136元，柏油路通往每家每户，家家户户通了自来水，村里还为村民制定了各种各样的惠民政策。"我们是边'领工资'边种田。"村民古丽佳娜提·包尔汗拿出一本绿皮小本子说："这是我们村的18项惠民政策兑现簿，也是我们家的'工资'，拿着它每个月都可以去村里领'工资'，我们达西村每家都有一本。"

达西村村民现在的住房。

2014年9月17日，达西村党支部书记沙吾尔·芒力克（左二）在家中念习近平总书记的回信给村民听。（新华社记者江文耀摄）

十八大以来，达西村的发展更是日新月异，“口袋里鼓囊囊，精神上亮堂堂”是今天达西人的真实写照。2014年9月9日，习近平给达西村党委书记沙吾尔·芒力克和全体村民回信，勉励大家“把党的好政策落实到每家每户，把生产搞得更好，把民族团结搞得更好，让乡亲们的日子一天比一天更好”，更是为达西村发展注入了新的动力。

“总书记的回信一直鼓舞着各族村民，各民族群众互帮互助，鼓足干劲加油干。”沙吾尔·芒力克的喜悦之情溢于言表，近年来，达西村先后荣获“全国民族团结进步模范集体”“全国文明村”“全国十佳小康村”“全国先进基层党组织”“全国五四红旗团支部”等50多项殊荣，“家家户户住别墅、有小车，日子越过越红火”。

为了让村民们大步迈向小康，突破达西村发展瓶颈，以沙吾尔·芒力克为首的达西村人紧跟

时代步伐，在2015年瞄上了电子商务，决心建设“智慧达西”，成为新疆农村信息化第一村。沙吾尔·芒力克曾自信地预言，电子商务将使达西再次腾飞。

2015年，新疆第一个县域电子商务协会、电商战略研究所和县域网货中心在达西村成立，一批电商企业和物流公司纷纷落户达西村，村里还投资1000多万元，建立达西电子商务创业基地，让更多的村民融入电商发展的热潮中。自此，当地的红枣、核桃、罗布麻茶甚至烤全羊，开始源源不断发往全国各地，达西村也变身为新疆第一个“淘宝村”。不仅如此，2015年6月，达西村和江苏省江阴市华士镇华西村签订协议，在人才培养、投资创业、新能源等领域开展合作。

短短两年时间，沙吾尔·芒力克的预言便成为现实。2016年度，全村农牧民人均纯收入29727元，较上年增加8.10%。2017年人均收入达到31000余元。

“通过网络平台，农副产品有了新销路，产品卖难的情况大大缓解。现在许多同学、邻居开始经营网店，对电子商务充满了信心。”村民阿曼古丽·吾斯曼江三年前自己注册了网店，主要经营香梨、红枣、核桃等农副产品，“网店销量越来越好，我的收入也水涨船高。”

“咱农民不仅能种地，也能在网络里淘金，盐碱地上不仅能多长出棉花多产粮，也一定会‘长’出小康村。”沙吾尔·芒力克说，下一步，他将继续带领全村群众走综合发展之路，通过发展红色旅游、乡村旅游、现代农业、电子商务等产业，进一步带领村民增收致富，早日实现“东有华西，西有达西”的目标。

（顾煜/文）

达西展览馆全景

3.3 有女要嫁富新坪

2018年阳春三月，河南省卢氏县官道口镇新坪村，桃红柳绿，山花烂漫，空气里到处充满泥土和山花的芬芳。来自四面八方的游人三五成群，沐浴着和煦的春风，穿梭于百花掩映的古村落中。三三两两的麦垛，土坯房前的石磨，怒放的杏树下一群毛茸茸的小鸡正跟着老母鸡在绿茵茵的草地里刨食，鸡犬之声隐约其间。迎面扑来的浓浓乡土气息，让每一个行走其间的人深深陶醉，流连忘返。

有女不嫁穷新坪

“九沟十八岔，岔岔有人家，多者三五户，少则一两家。”一则民谣道出河南省卢氏县的地理与民居状态。

卢氏县是河南四个深度贫困县之一。这个山区县有4000多个山头，2400多条河流涧溪，群众贫困且居住分散。新坪村更是卢氏县贫困山区村的代表，它地处卢氏、灵宝、洛宁三县交界，群山环绕，峡谷幽深，长期处于闭塞落后状态。

新坪村河沟组82岁的老人代发友说：“以前这里不通路，地方又偏，啥东西要想弄进来，都得人拉肩扛。山路又窄又难走，村里好几个人都摔伤了。我年轻时拉东西也摔过好几回，村里还有些人一辈子都没出过门。”

村党支部书记鲁彦玲说：“改革开放之前，全村253户834口人，多数人都以种地为生，勉强解决温饱，基本上没啥收入，住的房子都是老土坯房，又低又矮，光线不好，还老掉土、掉虫子。村里汉东组、汉西组是有名的光棍组，70多户人家，30多户都是光棍。条件太差，吃都吃不饱，哪能要到媳妇。外边姑娘都不愿意嫁进来，村里姑娘都想着嫁出去找个好点的地方。”当时卢氏县流传着“有女不嫁穷新坪，房破路歪吃水难”的顺口溜。

改革开放让光棍成了家

改革开放之后，新坪村人的生活逐渐有了变化。全村人口增加到了290户1125人。人们不再拘泥于种地，开始外出务工、经商、种烟叶……

村里渐渐有了摩托车，慢慢又换上农用三轮

新坪村的老房子。

新坪村新貌。

车。河沟组村民曲淑芳和丈夫也随着时代潮流，走出山村，外出跑运输。从刚开始的货车，到后来的城乡班车，夫妻两人几经打拼，最终在镇上买下一套房，全家人在村民艳羡的眼光中搬离了新坪村。

不是人人都像曲淑芳那么幸运。由于居住分散，致富能力弱，很多村农依然守着贫困，没有能力搬离山村。

新坪村虽穷，但也有“富”的一面：森林覆盖率达到85%，连绵青山满目苍翠，山谷间流水淙淙，发展旅游业条件得天独厚。

2004年，郑州公交总公司的到来，让这个贫困山村发生了彻底变化。这家公司打造“豫西大峡谷”景区，利用天然河道发展漂流项目。目前景区被评定为国家4A级，每年能迎来30万游客。

游客来了，农家乐应运而生。“当时只想着快快搬出去，根本没想要回来。”曲淑芳瞄准了农家乐市场，卖了经营多年的班车和镇上的房子，加到村里，一次性投入50余万元，盖起三层楼，成为20号农家乐的主人。“俺家有15个房间提供住宿，加上餐饮，一年挣个十几万元没问题。”

目前，像这样的农家乐宾馆，全村已有70多家。紧邻核心景区的两个村民组几乎家家都买了汽车，住上了两层楼房，摩托车已经很少见了。

村里的光棍汉也越来越少。村民程天学46岁那年盖上了新房，娶上了媳妇。汉东组的30多户光棍汉也有一大半成了家。

有女要嫁富新坪　守着金山领“三金”

2015年，卢氏豫西大峡谷旅游开发有限公司以“种植规模化、经营产业化、销售网络化，景区带农户、农民变农工、村民变股东”的思路，对新坪村进行旅游开发，建设豫西百草园。

他们流转新坪村村民的山地种植中药材，按国家政策每年付给村民“租金”；优先聘用新坪村及周边贫困户来景区务工，按月付给他们“薪金”；村民把自家的老房屋进行资源入股，成为景区股东。景区把这些老院落修旧如旧，开发特色院落，每年按照营利给村民发“股金”，让村民足不出户拿到“三金”。

村民曲淑芳隔三岔五都要去百草园转转。她家的老房子被改造成“激情燃烧的岁月”年代故事展馆。看着满院的鲜花，她笑称，自己又有了新的称呼——“农民股东”。

豫西百草园计划总投资2亿元人民币，占地1万亩。目前已完成投资3000余万元，栽植油用牡丹、芍药、金银花、紫薇、薰衣草、鲁冰花、山楂、苹果等100余种中药材、花卉和果树。传统茶坊、酒坊、磨坊等特色饮食街区已然成形，与周边山、水、林、村浑然一体，自然天成。2017年试营业以来，“五一”和国庆节期间，日均游客量4000余人。在景区务工的贫困户达53户，村民员工达382人。

“活了一大把年纪，没想到老了，一不留神竟成股东了，真是做梦都没有想到呀。现在咱村子真是漂亮，一天一个样，比以前热闹多了，我得多活几年，好日子还在后头呢。”村民代发友乐得合不拢嘴，现在每天拄着拐杖在村里四处走动，以发现村里新变化和给游客讲解村里的变迁为乐。

2017年9月29日，豫西百草园召开了一场特别的股东分红大会。当天，公司向28户100名农民股东发放了10万元红利，每人领到1000元，每家还额外领到了粮油和月饼。拿到现金的村民薛冬生一边数，一边笑着说：“第一次参加分红大会，没想到景区开业不到半年，就分到这么多钱和粮油，以前从来没敢想过，这比我们种地强多少倍，景区开发确实给我们农民办了一件大好事。”

随着村里旅游开发的逐步深化，现在新坪村人口达到了最高峰，共有320户1235人，村民人均收入由之前的1700元左右，一下增加到了5000余元。据不完全统计，近几年，仅本地外村嫁入新坪村就有20多个姑娘。

沧海桑田间，新坪村完成了由“有女不嫁穷新坪，房破路歪吃水难”向“有女要嫁富新坪，守金山拿三金做股东”的华丽蝶变。

（李丽静、聂金锋/文）

马场屯村民以前的房子

3.4 崛起的马场屯

鲜花、礼炮、锣鼓……2014年11月4日，晴空万里，一场集体乔迁在吉林省长岭县新风村马场屯举行，对全屯72户311人来说，这是个“做梦都不敢想”的日子，他们全部搬进了新楼，过上了和城里人一样的生活。

马场屯曾因水草丰美，设有养马场而声名远扬。由于草原退化，耕地盐碱化，多年来马场屯的人只能“靠天吃饭”种着玉米，70%的住房还都是泥土房，生活维持在温饱线。

马场屯的变化何以发生？离不开一名共产党员——张造力。张造力是土生土长的马场屯人，20岁就下海经商，凭借苦干和智慧，积累了一定的财富。看到乡亲们在致富路上摸索前进不得其法，张造力决定回家乡做点事，经过多方考察，他决定引入现代农业机制，通过建立农民专业合作社，实现土地集约经营，带领村民共同走致富路。

2013年4月，松原兴源种植农民专业合作社挂牌成立。马场屯整屯72户、200多公顷耕地全部加入合作社，当年租金就是“市场价”的两倍多。合作社采取“公司+农户”的方式，对全村耕地实行集约化经营。当年，合作社在种植了谷子、葵花、甜玉米、水稻等农作物后，还建成了102栋蔬菜大棚，建立了采摘园。共打机电井25眼，实现膜下滴灌全覆盖。合作社运行的第一年，就获得了大丰收，全村人均收入从5000元左右增加到1万元，村民的信心更足了。

“合作社发展得好，还得让大伙住上楼房，过上城里人的生活。”2014年，合作社建起了1栋8000平方米的居民住宅楼、1栋文体综合楼和老年公寓楼。文体综合楼用于合作社办公和举办大型活动，老年公寓楼则是通过招商进行营利性经营，居民楼用于村民居住。

居民楼全部进行了装修，水电气暖一应俱全。全屯72户农民以置换方式，全部搬上了装修完整、家用电器一应俱全、免交取暖费的楼房。对于60岁以上的农户，就是农户只要交纳1万元的押金就可以在有生之年无偿住在楼房内，水气暖全部免费，自己只需花电费。

在干净整洁的居民楼内，搬进新房的赵德富和老伴把60多平方米的房子收拾得干干净净。“做梦都没想到自己还能住上楼房，作为村里的特困户，从前的两间小土房作价1万，余款全免，等于一分钱没花就上楼了。”说起焕然一新、配套齐全的新住所，赵德富乐得合不拢嘴，透着对富足生活的满足和对未来的憧憬。

“让农民住上楼房不是最终目的，让他们真正富裕起来，没有后顾之忧，才是我们奋斗的目标。村民生活稳定下来后，我们还是要把重点放在如何发展壮大合作社上，只有合作社进入了良性循环轨道，农民的生活才真正有了保障。”作为一位成功的农民企业家，张造力没有沉浸在让村民住上楼房的满足中，他知道，要想让农民安心地住在楼房里，就要不断壮大合作社，使农民拿到更多的收入和分红。

合作社在开展土地集约规模经营的同时，积极调整种植结构、发展设施农业和观光农业，突出“绿色牌”“特色牌”，大棚蔬菜打入省城长春的大超市，绿色大米和小米供不应求，小米的良种繁育基地里每公顷创造效益超过百万元。马场屯的农民实现了在合作社就业，成了名副其实的“带土地的产业工人”。

村容村貌大改观、村民生活大改善的背后，是马场屯因地制宜深化农村改革，开展土地集约规模经营的创新之果。如今的马场屯各类生活配套设施齐全，修起了10多公里水泥路，建起了500平方米的幼儿园，诊所、超市、健身娱乐等服务场所也全部建成使用。合作社还为每名社员

按最高标准缴纳了医疗保险，在子女教育、居住、养老保险和精神文化生活建设上打造了一条龙式保障链条。

仅仅5年间，马场屯的人均纯收入已达到2万多元，成了远近闻名的富裕村。每当暮色降临，马场屯宽敞明亮的文化广场上，村民们总会奏起激情的鼓乐，扭起欢快的秧歌，显得格外悠闲祥和。

（郭翔/文）

家家住楼房，户户通有线，喝上自来水，不踩泥巴路……昔日的吉林省长岭县太平川镇新风村马场屯旧村落发生的巨变令人惊叹。2014年马场屯建起了8000平方米的住宅楼，全屯72户农民以置换方式，全部搬上了装修完整、家用电器一应俱全、免交取暖费的楼房。

3.5 龙门一跃奔小康

万里黄河，九曲蜿蜒，至山西河津后出晋陕峡谷，水面陡然开阔。岸上便是“鲤鱼跳龙门”的发源地——山西省河津市清涧街道办事处龙门村。

龙门村是历史名村，地处龙门关旁。龙门关扼守黄河要道，是河防的重要关口之一，兵家必争之地。明清时期，龙门关附近商贾云集，繁荣兴盛。

改革开放初期，龙门村人多地少，人人日子过得紧巴。20世纪90年代开始，在市场经济大潮洗礼下，龙门村办起了企业。与其他山西农村一样，龙门村看中了焦化行业。1996年，原贵生上任村党委书记时，全村就有一座年产2.5万吨的焦炉。

“村里的企业得符合国家政策。”没过多久，原贵生便把焦炉生产线提高到22万吨，随后又提高到60万吨，各项技术也随着国家政策标准不断提升。之后的几年，龙门村又兴办水泥厂等企业，始终以相关产业政策为指导。

那段时间里，山西的村办企业大干快上，上马小煤窑、小高炉、小水泥厂等污染项目，几乎是村村点火、户户冒烟，污染十分严重。像龙门村这样自觉的，的确少见。

“吃亏了吗？我看没有。”原贵生说，“当年全市有60多家焦化厂，现在能开工的不过五六家；当年有40多家水泥厂，现在只剩龙门一家。如果不是跟上政策，我们早被市场淘汰了！”

十八大以来，龙门村再次谋求转型，以“禹凿龙门、鱼跃龙门”为主题的黄河历史文化为抓手，努力实现由传统产业向旅游业迈进。

2017年初，龙门村投资200余万元修复龙门关口。重建后的龙门关关长30米，关门高12米，门洞两边各有一个耳房。龙门关附近为明清仿古小吃街。整个建筑采用砖雕灰瓦装饰，雄伟高峻，古朴大方。

以龙门关为核心，“禹凿龙门、鱼跃龙门”黄河历史文化主题公园正在黄河岸边修建。整个景区占地10万多平方米，总投资5000余万元。“龙门关附近还要修建黄河微缩景观，游客可以乘船一小时游遍万里黄河上的著名景点。”龙门村党委副书记原淑英说，通过开发旅游资源，让龙门关再现千百年前的繁荣盛景。

同时，龙门村集体企业也不断推进改革。与一些名村相比，龙门村并没有满足于集体经济一花独放，而是积极探索集体控股、村民入股、联户入股，甚至引进外来资本。在确保集体经济主体地位的同时，各种所有制经济百花齐放，小村庄做出了大格局。

“不同的所有制就像不同的汽车，有的跑得快，有的拉得多。只有合理调配，村子才发展得更快。”原贵生的理解很朴素。

2012年，龙门村引进合肥的一家企业，建成高端色素炭黑生产线。原本村里生产的炭黑一吨只能卖五六千元，深加工后的新产品，一吨卖到十几万甚至几十万元。

更早的时候，龙门村主动与国企合作，开发村里的矸石、炉渣等工业废渣废气，借助国企的设备、技术和人才优势，迅速实现产销两旺，提升盈利空间。重组后企业盈利一度占到全村集体经济总盈利的四分之三。

截至2016年底，龙门村集体企业固定资产达15亿元，年产值28亿元。如今，龙门村一年三次分红，1月按人口分红，6月按股权分红，9月联户分红……龙门村人人持股、年年分红，村民人均纯收入达到2.7万元。

如今，这个3600多人的小村子，外来人口就有六七千人。河南、安徽、甘肃等十几个省份的打工者和管理人才在这里扎下根，甚至美国、法国、伊朗的专家也在村里三五个月地长住。

全村人实现了：住有所居，村里补贴后每户只需拿出4至7万元就能搬进楼房；学有所教，从幼儿园到初中全部免费教育；病有所医，村民的住院医疗费用在国家报销基础上，剩下部分由村集体报销，村民看病不花钱；老有所养，村里为村民上缴养老保险金，60岁以上老年人每月领取补助。

改革开放前龙门村村民居住的窑洞。

现在，全村70岁以上老人有500多位，80岁以上老人58位。“日子可好了，每年还能出去旅旅游，北京、上海、桂林，都去过了！”70多岁的侯清叶面色红润，身体硬朗，老人爱笑，笑起来一层楼都能听见。

“当干部要有责任，敢担当，能苦干，要带领群众共同富裕，过上好日子。”原贵生说。

（王井怀/文）

2015年7月22日，山西省河津市清涧街道办龙门村一角。

3.6 村企融合致富路

这里家家户户住着二层洋房，这里的街心公园景点遍布，这里的企业厂房宽敞明亮，这里的村民生活与城里人无异……这里是农业产业化最早践行者之一的山东诸城得利斯村，一个在改革开放大潮中仰仗村企融合模式发展起来的村。

看到得利斯村的发展水平，让人不禁生疑：这里到底是农村还是城镇？它确实是一个村，一个拥有700多户、2800口人的村。谁曾想眼前一派繁荣景象的村子，30多年前还是一个村民靠天吃饭、集体积累薄弱、原名叫西老庄的穷村。

西老庄村通往得利斯村的每一步，都与这个村的村办企业息息相关。

改革开放前，西老庄村人多地少，全村守着2500亩土地过日子，一直在传统农业中徘徊爬行。在这片土地上，祖祖辈辈日出而作日落而息，收获的仍是满目贫瘠。村里老人对于那个年代的记忆是，“辛辛苦苦几十年，没攒下粮食也没挣着钱，光棍子拉起一个连”。

一直到1978年，全村年人均收入仅83元，村里全是低矮破烂的土坯房，人均住房面积不足9平方米，村集体账上空空如也。

时间来到1984年，改革开放的春风吹进了这个原本闭塞的村庄，西老庄村跳出来第一个吃螃蟹的人——郑和平。当选村委会副主任的他，一直琢磨一个问题：粮食丰收，老百姓吃不了，却也卖不出去，存下的粮食怎么办？于是他大胆提出在村里建面粉加工厂。

郑和平和村干部们顶住压力，东拼西凑47万余元，将面粉厂开了起来。仅用了一年时间，面粉厂就全部回本还有剩余。

面粉加工厂一步步发展壮大后，村里人又瞅准生猪屠宰加工市场。1986年，村里办起了屠宰冷藏厂，这打破了计划经济时代“杀猪一把刀”的局面，投产后精加工的分割猪肉备受消费者喜爱。当年就屠宰生猪16000头、活牛1000头，盈利69万余元。

三年后，屠宰厂在国内率先研制成功低温肉制品并进行工业化生产，同时组建得利斯公司。依托得利斯，西老庄村走上了致富高速路。经批准，他们于1996年将村名改为更能体现“村企合一”特性的得利斯村。

经过近30年的发展，脱胎于村办企业的得利斯已经成为现代化企业和上市公司，总资产膨胀到68亿元。

得利斯村在经济刚起步时就有不成文的规矩：村和企业同步发展、同步增长。遵循着村企

西老庄村的土坯房

融合这一模式，得利斯公司依靠自身发展积累的财富，带动得利斯村的居住条件、人文环境、民生事业等大踏步前进。

企业发展了，村里有钱了，大家伙一致同意先把教育短板补齐。得利斯公司前后投入千万元，改造村里的老学校，高标准建设了教学楼和幼儿园，同时配上最先进的教学仪器，教师信息化办公、学生信息化受教，在校师生达到350余人。

近年来，特别是十八大以来，得利斯公司累计投资数千万元，为村里建起了同乐宫、灯光球场、购物中心、花园景区、游泳池、图书馆等各类设施。

目前得利斯村一半的人口在得利斯公司务工，还有几百人从得利斯公司带起的上下游产业中寻得商机，得利斯村的人均可支配收入达到24600元。

凡是进入得利斯公司工作的村民，只要符合条件，公司都会为其办理社会保险，退休后按标准发放养老保障金。村里60岁以上的老人，公司

得利斯村的新貌

每个月发放100元的补贴，80岁以上的老人，补贴标准则为每月150元。村里的孤寡老人，均由村敬老院集体供养，并每月发放生活费，确保他们安度晚年。

“要让我去城里住，我还真不乐意去。你看我们村跟城里有啥区别，甚至比城里人过得还舒服哩！”与得利斯村的居民交谈会发现，每个人的话语间都流露着幸福。“住得亮堂，穿得漂亮，用得高档，吃得营养”，这是得利斯村人对当前生活的真实感言。

徜徉在得利斯村，完善的基础设施、文明的村风家风、良好的社会治安、和谐的邻里关系，都在无声地诉说着村企融合所引发的翻天巨变。

作为全国重点龙头企业的得利斯公司，积极响应党的十九大提出的乡村振兴战略，通过“接一连三”，打通全产业链条，将村企融合效应扩散开去，已带动160万吨饲料粮转化、500万头生猪养殖、400万吨物流运输、1万名劳动力就业、23万户农民增收致富。

（陈国锋/文）

3.7 滹沱河畔的“蝶变”

河北省正定县塔元庄村，坐落在滹沱河北岸，这个冀中平原普通的小村庄集诸多荣誉于一身：全国文明村、中国最美休闲乡村、省级新民居工程示范村、省文明先进示范村……习近平总书记曾两次到这个村视察。

高楼林立、街道整洁、生活设施齐全，超市里的商品一应俱全，广场上的老人悠闲地散着步……居住在乡村，生活像城市，这正是塔元庄的真实写照。

这个远近闻名的富裕村、文明村历史上也曾“先天不足”——虽距县城3里多地，却犹如一块“飞地”，曾经没有一条好走的进城道路；全村土地虽不算少，但绝大部分是河滩地，人均耕地只有3分多。由于人多地少、交通不便，20世纪80年代初，这里是全县有名的穷村。曾有村民编了一句顺口溜：“盼着一年吃细粮，盖上新房娶新娘”，说出了老百姓的渴望。

“俺们村的发展分三步走。从80年代中期到2008年，走的是‘半城郊型’发展路子，算刚起步；2008年至2013年，走的是新农村建设的路子，算一大步；2013年以后，瞅准的是提前奔小康的路子，我们两步并成一步走。”塔元庄村主任赵桂林，20世纪80年代就任村干部，他对村里30多年的变化了如指掌。有这样一组数据：2016年底，村集体收入达1000万元、固定资产过5亿元、村民人均纯收入达2.1万元。

30多年来，塔元庄扬长避短，从设施农业入手，农民粮袋子、钱袋子一天天鼓了起来。在全乡第一个通上了自来水、第一个搞了村庄规划。随着村级财富积累从无到有、逐渐壮大，从2006年开始，塔元庄村又陆续投资升级改造基础设施，完成主要道路的全面硬化、绿化、亮化，并先后建成娱乐健身文化广场、村民中心、卫生所、图书室、老年活动中心等设施，全村百姓住进了每户100多平方米的楼房。塔元庄村在河北省众多行政村中逐渐崭露头角。

2013年以来，塔元庄按照“把农业做成产业化，养老做成市场化，旅游做成规范化”的发展思路，在各级党委和政府的坚强领导和大力支持下，不断加强基层党组织建设，发展壮大集体经济，多种产业模式并举，快速走上富裕之路，村民幸福指数不断提升。

“农业产业化”撑起村民“钱袋子”。2013年9月，河北省首家电子商务产业园——慧聪电子商务产业园在塔元庄村开通运营。慧聪塔元农业科技示范园区随之成立，建成了服务、展示、交易、孵化、创业、培训六大中心。塔元庄还成立了果蔬专业合作社，村民自愿入股，“农民”

上图： 河北正定县塔元庄旧貌。（资料照片）
下图： 2017年11月25日，河北正定县塔元庄新貌。（新华社记者牟宇摄）

2017年11月27日，河北正定县斜角头村内的旱厕。

石家庄滹沱河一号水面，借助近几年滹沱河综合整治的东风，塔元庄村借势借力，同步启动了硬化、绿化、美化、亮化四大“扮靓工程”，大力改善生态环境，发展乡村旅游业。2018年，塔元庄将木屋小镇作为重点打造的旅游民宿项目，投用后，将与周边的水上嘉年华大型游乐场、美食街、农业生态园、慧聪电子商务产业园等构成吃、住、行、游、购、娱于一体的旅游全产业链。在丰富旅游业态方面，塔元庄运用文创产业和电商农业的发展理念，以节为媒，推行“互联网+旅游+采摘+销售”等模式，推进一二三产业深度融合。

变成了“股民”。再以合作社为龙头，将周边几个村子的流转土地集中起来，利用当地水质好、土质好的优势，种植绿色农产品，合作社统一收购，由慧聪公司统一进行产品设计、包装和销售。

塔元庄的农业实现了产业化、规模化，农产品效益成倍增长。如今，“塔元庄”品牌的农产品，畅销京、津、冀、鲁、晋、豫等多个省市。

走在塔元庄村西，只见一排白墙黛瓦、飞檐翘角的徽派建筑风格的小楼错落有致地排列在街边，与一旁高楼林立的住宅楼相映生辉。这里是塔元庄2017年打造的美食街，已招募到全国各地的特色美食50多家，如“百尺杆水饺”“兰州拉面”“锅魁·酸辣粉”“罐煨肚包鸡”“北京簋街小龙虾”等等。

旅游规范化，让村民富得长久。塔元庄毗邻

如今的塔元庄，绿树环绕，高楼林立。美丽田园，满目苍翠。“车在林中走、人在花中游、家在河边住”的新农村风光，让人恍如进了公园。

“养老市场化”提升村民“幸福感”。塔元庄积极搭建养老市场化平台，把更多关怀倾注于民生领域，为村民提供更好的生活保障，确保村民养老无忧。

五年多来，在办养老机构、完善服务措施等方面，塔元庄打出“组合拳”。

——村集体投资2300万元筹建村级养老院，建成后可实现全村200余名70岁以上老年人全部免费入住。同时面向社会低价开放，增加集体收入。

——投资300万元建成“养老服务中心”，构建“居家养老+金融养老+异地休闲养老”为一体的新型养老服务模式。

——结合现代化的居家养老服务技术，为每位老年人的家里都安装“一键通”，养老服务中心24小时专人实时监控，第一时间上门满足老人的服务需求。

——塔元庄村已建成健康体检室、卫生服务站、老年日间照料中心、书法室、桥牌室和广场舞文艺演出中心等老年服务设施，让老人颐养天年。

——村集体每年给老人发放福利费及米、面、油等，供暖费、水费、有线电视费等全免，每月还为60岁以上老人增发200元养老金，生日发放慰问金。

塔元庄华丽蝶变的轨迹，正是中国一步步走向繁荣富强的缩影。产业兴旺、生态宜居、乡风文明、治理有效、生活富裕，塔元庄村在乡村振兴的路上争先向前：到2020年，村集体经济收入达到3000万元，人均收入达到3万元，让老百姓更开心、更舒心，让党更放心。

（牟宇、骆学峰/文）

2017年11月27日，河北正定县塔元庄村村民范瑶瑶在家中整理卫生间。党的十八大以来，习近平总书记在国内考察调研过程中，经常会问起农村厕所改造问题，详细询问村民使用的是水厕还是旱厕，在视察村容村貌时也会详细了解相关情况，强调“小厕所、大民生”。

3.8“荒草坨”变身“智能小镇”

从天津中心城区向东驱车10多公里便来到东丽区华明街道的地界。映入眼帘的，除了错落有致的居民楼、宽阔的道路、美丽的公园绿化，在华明高新区，写字楼上一块块单位的牌子更让人仿佛置身“中关村”——清华大学天津高端装备研究院、中科院光电院、哈工大机器人集团天津机器人产业基地……

2017年，华明街道地区生产总值已达103.5亿元，华明智能制造小镇入选天津首批4个市级实力小镇，成为天津智能产业最密集的地区之一。从“城镇化”升级到“智能化”，“华明路径”成为中国农村城镇化的一种方案。然而，今天经过华明的人或许难以想象，直到改革开放初期，华明街道的前身“荒草坨乡”依然如同其名。

“20世纪90年代仍有不少村民住着破烂的土坯房，一下雨村里道路泥泞不堪，土地盐碱含量较大，农民收入也不怎么高。”说起华明几十年前的景象，75岁的于巨祥依然感触深刻。改革开放后，当地兴起一些乡镇企业，不少村民盖了砖房，但在56岁的华明街道办事处物业办主任邵世友看来，华明真正的巨变就发生在近十几年。

1994年，荒草坨乡更名为华明镇，2001年，赤土镇并入华明镇。2005年，伴随天津滨海新区成为国家重点支持开发开放的国家级新区，地处天津中心城区和滨海新区之间的华明镇通过“宅基地换房”等创新方式进入了快速城镇化的发展阶段。

所谓“宅基地换房”，是指农民可以按照规定的置换标准，用宅基地换取小城镇内的住宅。华明原有12个村共有宅基地12071亩，建设新城镇只需要占地8427亩，通过宅基地复耕，在不减少耕地的情况下增加了建设用地。此外，通过对节约下来的部分土地进行商业开发，所得收入又填补了建设资金，实现了“政府不出资百姓不掏钱”的城镇化。

2006年，华明镇撤镇设立华明街道办事处，2007年，村民开始迁入新建设的城镇，于巨祥就是在那时搬入了现在居住的楼房。他说，自己过去患有脑梗，半身不遂，若不是住上温暖的楼房，他也许难以恢复到可以正常交流、走路，还能参加社区志愿活动的状态。

2018年已经74岁的魏武章也是2007年搬入楼房的农民，他至今留存着搬迁当日写的七律《乔迁》，开头两句便是“吉日良辰喜乔迁，华明新

上图左： 20世纪70年代末，现华明街道前身之一赤土乡李家台子村。

上图右： 20世纪80年代初，赤土农贸市场。

下图： 鸟瞰华明住宅区。

区好体面”。魏武章说，现在自己和老伴儿两个人每个月共可以领到因被征地而得的养老保险4000多元，年收入超过了原来承包苗圃的所得，生活质量也有所提升。

在“宅基地换房”的同时，华明通过城镇居住园区、高新技术产业区、现代设施农业产业园区“三区联动”解决失地农民的就业问题并经营好复垦耕地；通过农村集体经济股份制改革、农民户口改为城市户口、村委会改为居委会管理，实现城乡一体化；通过建设华明村镇银行服务农民和中小企业。

2010年上海世博会期间，华明作为唯一反映农村城镇化有关题材的案例，从全球100多个参选项目中脱颖而出，作为“城市最佳实践区”向全世界展示了它的新貌。

在十八大召开的2012年，华明开始向城镇化的更高层次进军。当年，东丽区开始实施“122计划”，即用5—7年时间引进100家市级以上科研院所及研发中心，培育1000家科技小巨人企业，发展10000家科技型中小企业。同年获批成为天津首批市级高新区的华明高新区，成为整个东丽区转型升级的重要引擎。

据华明高新区管委会副主任于莉丽介绍，2012年开始，华明高新区的团队与北京等多地的科研院所和高校积极对接。2014年起，清华大学、中科院、武汉大学、哈尔滨工业大学、南开大学、国家知识产权局等多家知名科研单位的项目密集落户于此。2016年，华明高新区成为“中科院北京分院创新产业园”、“清华大学校地合作（天津）基地”。

在于莉丽看来，科技项目的密集落户不仅仅是产业的发展，更是华明的城镇化进入更高阶段的体现。“城镇化的关键是人口的城镇化，现在华明街道登记户籍人口不到6万人，但常住人口达到15万人，其中很多都是我们引进、在此工作生活的高端人才，加之更高水平的学校等服务机构也随之落户，因此，整个华明的人口素质也将进一步提升。”她说。

现在，华明正在重点建设智能制造小镇，计划打造新一代信息技术、电力电气、机器人三个百亿级产业集群，向有限的空间要效率。2016年落户于此的天津智能网联汽车产业研究院公共关系副总监吴锦说，“智慧驾驶”是他们研究的重要领域，他们希望能够为当地走向“智慧城市”的城镇化新路径贡献一份力量。

“华明城镇化发展的新阶段、新路径给我们

鸟瞰华明高新区（摄于近期）

30岁的高雅是土生土长的华明人，城镇化的历程不仅让她从土地上解放出来，促进她工作的当地老牌企业华明集团向现代化转型，更让她在家乡体验到现代城市生活的节奏和氛围，“这一转变也必将让我的孩子一辈成长得比我们更好”。

的工作提出了新要求，我们将按照党的十九大部署，把人民对美好生活的向往作为奋斗目标，加强精细化管理，进一步着力保障和改善民生，让百姓共享城镇化的最新成果。”华明街道办事处主任杨海良说。

（李鲲/文）

第4篇

产业兴农

Chapter 4

莱西县红旗村“葡萄大王”孙培杰1986年花15万元建造的415平方米的住宅，是胶东当时最高级的农民住宅。孙培杰是靠科学种植葡萄发家致富的。（新华社记者时盘棋摄）

2018年6月16日，在邯郸市肥乡区三江农业产业园内，工作人员在管理无土栽培蔬菜。（新华社记者王晓摄）

4.1 从“三靠屯”到“龙江第一村”

从“住马架子茅草屋，吃的菜渣和糊糊”，到“别墅林立起，富庶又幸福”，黑龙江省甘南县音河镇兴十四村这个曾经贫困的山东移民村，多年来通过艰苦创业、拼搏争先，以发展现代农业为途径，闯出了一条人与自然和谐发展的农村经济产业化之路，让一个偏僻乡村建设成为总资产达到了23.5亿元，总收入实现21.1亿元，人均收入达到了7.65万元的“龙江第一村”。

用马车拉淤泥改土造田

一走进兴十四村，映入眼帘的是一栋栋宽敞的厂房、一条条平坦宽阔的水泥路、一幢幢精美别致的花园别墅及展览馆、文化宫和绿化带，到处散发出浓郁的塞北城镇的现代风情。不过，如果我们将时间回溯到20世纪50年代初，这里还是一片不毛之地。当年，吃不饱饭的山东移民们，举家从沂水两岸迁到了东北安家落户，兴十四村就是“兴”字头的第十四座移民村。

“住马架子茅草屋，吃的菜渣和糊糊”，是第一代垦荒人对早年生活最深刻的记忆。由于土地薄，种地产出十分有限，兴十四村成了生产靠贷款、吃粮靠返销、生活靠救济的"三靠村"。

1972年，当时只有23岁的付华廷被村里的乡亲父老推举为兴十四村党支部书记。他向父老乡亲立下誓言，不让一户受穷，不让一人掉队，一定要带领大家过上共同富裕的好日子。

组装拖拉机

20世纪80年代初，村里实现了机械化

从此，兴十四村在付华廷的带领下，开始了农业机械化耕作的尝试。在兴十四村的村史馆里，摆着一台拖拉机，这台铁牛在乡亲们的眼里有着特别的意义——正是"铁牛"起步，才开始带"牛"全村。

兴十四村的耕地原来全是沙土地，土地不改造不打粮，全村青壮劳力，带上干粮，奋战7个春秋，把4万多立方米河泥硬是搬到了3300亩贫瘠的耕地里，把600多亩高低不平的沙土地变成了良田。

要让村里富起来，农业就要现代化。那时候农用机械还得按计划供应，等不及的付华廷就到周边城市去买零件往回背，边背边装，边装边买，组出来了一台拖拉机，开垦出大片耕地。过去一个强壮劳动力最多能耕种40多亩地，使用拖拉机后一人能耕种2000多亩，效率提高了50多倍。

大规模的改土造田和机械化生产大大地解放了农村劳动力。如今，兴十四村仅有2%的人从事农业生产，其他人员均在村办企业工作。

"有了机械化、水利化护航，光靠种地也就是旱涝保收，最多是个'土财主'，要想富必须发展农畜产品精深加工业，走农业产业化道路。"付华廷说。40年来，兴十四村始终坚持围绕"农"字做文章，利用当地的农业资源，探索出了一条农副产品就地转化的农业产业化的发展新路，实现了人与社会的和谐统一。

20世纪80年代开始，付华廷带领全村父老乡亲建起来一座日处理10吨鲜奶的乳品厂，作为当时全国唯一一家村办乳品厂，投产当年就盈利65万元。此后，兴十四村便在农业产业化的道路上一发而不可收：在创办多个村办产业后，兴十四村组建了大型企业集团——富华集团，形成了生物工程、 精细化工、畜禽饲料、乳制品等产业体系。 为进一步拓展农民增收渠道，兴十四村还大力发展与农业相关联的林、牧业及旅游业。

兴十四现代农业机械作业合作社

兴十四小城镇一角。

与此同时，兴十四村人也清醒地认识到，靠村里人的文化基础，已无法把握现代企业的管理和市场的变化发展，必须借助外脑，引进人才，依靠科技创新，为了引进科技留住人才，兴十四村不惜花大血本，几年来，他们先后以10万元到20万元的年薪从哈尔滨、上海、浙江等地聘请生物、化工专家，招牌大学毕业生参与到兴十四村的管理当中。

随着兴办的企业越来越多，村办企业越来越红火，兴十四村人的腰包也越来越鼓。2000年前后，兴十四村的村民就已经住上了小别墅，如今几乎家家户户拥有小汽车，体育馆、学校、医院，公用设施样样不差。此外，村民们还享受着各种各样的福利待遇：不管大人小孩，每年补助100斤大米和50斤白面；65岁以上的老人实行退休制，每年可享受200斤大米、100斤白面的补助，每月还享受补贴；村民享受农村合作医疗待遇，村民有了病，大部分医药费由村里报销；儿童入托、入学全部免费。

村里的百姓信任付华廷，每次选举，乡亲们都会投上付华廷一票。虽然年近七十，付华廷的思想却不僵化。他常说：乡村振兴要靠包容创新。

兴十四村地处偏僻，但村子的发展却紧跟时代：他们依托现代农业，组建了富华集团，不仅实现了自身的富裕，还吸引了大批外来人口。这个户籍人口仅有千余人的村子，流动人口已经近万人。

“我是外来户，老家在佳木斯桦南县，只要在兴十四村干得好，本村人有的福利，我们也能有。”在兴十四村从事花卉培育工作的90后年轻人沈文喜说。

“兴十四村未来发展必须有‘新鲜血液’，融入新观念，新思想。外来户和村民绝不能搞差别待遇，必须一视同仁，这样全村才能拧成一股绳。”付华廷说。

2017年，兴十四村总资产达到了23.5亿元，总收入实现21.1亿元，人均收入达到了7.65万元，已从当年的“三靠屯”变成了名副其实的“龙江第一村”。

（马晓成/文）

4.2 蔬菜的“绿色革命”

1978年，改革开放的号角吹响。同一年，山东寿光的三元朱村推选王乐义为党支部书记。从此，这个200多户、不到1000口人的村子，靠着王乐义带头研发的大棚种植技术，不光自身走上了致富路，更掀起了蔬菜生产领域的“绿色”革命。三元朱村成为中国冬暖式蔬菜大棚的代名词。

时间回到40年前。当时的三元朱村还是以小麦、玉米轮番种植为主，虽然包产到户政策解决了温饱问题，但靠卖庄稼赚不了多少钱，贫穷依然是摆在农民面前的一大难题。

1989年，三元朱村在王乐义的带领下开始搞冬暖式大棚试验，并获得成功。蔬菜种植很快成为这个村的主导产业，以蔬菜为主的特色经济迅速发展起来。研发冬暖式蔬菜大棚的当年，全村一下子冒出17个双万元户！到了第二年，全村冬暖式大棚增至181个，绝大多数农户年收入过万元，全村的银行存款从原先几千元猛增至128万元。

听闻三元朱村在冬天也能种出品种多样的新鲜蔬菜，各地的取经者纷至沓来。发源于三元朱村的冬暖式蔬菜大棚，让中国北方吃上了反季节蔬菜，结束冬季北方只能吃萝卜白菜的历史。

此后，三元朱村审时度势，先后筹建大棚物资服务站、创办实业公司、蔬菜加工厂、农资超市、百货超市和蔬菜、水果生产示范基地，让村民在种大棚之外有了更多就业选择，也为集体积累了资金，村民的生产生活得到极大便利。

村民腰包鼓了，集体家底厚了，三元朱村终于可以甩开膀子发展公共事业了。他们投入不菲资金，建成青年科技大楼，设立图书室、音像厅、远程教育基地，创办国际农业培训中心，从青壮年的科技教育到老年人的福利保障，村民享受到了优质、周到的服务。改造水电设施，硬化大街小巷，架设路灯，高标准建设社会主义新农村，这些都是村里经济发展壮大的结果。

2005年，三元朱村被确定为社会主义新农村典型示范村。三元朱村抓住机遇科学谋划，村容村貌又有了大“变脸”：联体别墅、公寓大楼平地而起，健身广场、绿地公园风光旖旎；从幼儿园、敬老院，到村史展览馆、农业科技培训学校，城里有的公共服务在三元朱村都能找到。

初到三元朱村的人，无不为村民的居住条件所惊叹。站在高处放眼望去，96栋别墅及公寓楼错落有致，蔚为壮观。村民住上了洋房，村里又引进清洁能源供暖项目，村民彻底告别烧煤取暖的日子。

党的十八大后，三元朱村迎来了新的发展机遇，并提出率先建成小康村的目标。这个村在不断刷新村貌的同时，更加重视村风建设。村委征得全体村民同意后，在老村委大院的位置上建设一处青少年德育宫。在农村建这么个场馆，在全国还是头一遭。不为别的，村委干部认为，只有持续不间断地向孩子弘扬党的优良传统，才能培

三元朱村的老土屋

育国家栋梁。

三元朱村对下一代的重视不止于此。村里专门设立人才奖励基金，独生子女考入大学的，村里承担学费，其余学生给予一次性奖励。对孩子关怀备至，对老人亦尊崇有加。每个月，三元朱村向190多位60岁以上的老人发放100到300元不等的生活补助。

有了面向青少年的德育宫，紧接着，三元朱村又建起了陈少敏纪念馆、山东省农村党员现代农业培训基地等场馆。如今，这里成了培育和践行社会主义核心价值观的重要活动基地与爱国主义教育基地。

既有深厚的蔬菜文化底蕴，又有出色的自然生态环境，还新添了培训元素，三元朱村思路一转，借势搞起了特色乡村旅游，这个农业村一跃成为国家4A级旅游景区。

拓展新领域，不忘老本行。三元朱村搞培训、搞旅游，但始终没放松对大棚技术的研发力度，目前已发展到第六代高科技大棚，通过自动化和信息化手段实现科技种菜、科学管理。

如今三元朱村在涉足的各领域全面开花，2017年，全村实现总收入6350万元，人均纯收入17400元。中国特色经济村、全国科普先进村、全国文明村、全国先进基层党组织……一块块荣誉牌匾挂满了三元朱村。

（陈国锋/文）

三元朱村新貌

4.3 竹酒飘香神山村

神山村2003年资料照片。（左香云供图）

2018年2月12日，神山村。（新华社记者周密摄）

过年前，左香云在神山村的村头村尾来回奔波了十几趟，为的是尽快完善自己新建的山货卖场。走在村里整洁的水泥路上，一边是络绎不绝的游客正在村民家中满头大汗地体验打糍粑的乐趣，一边是潺潺溪水在梯田间叮咚流淌。左香云拿出一张老照片，笑着说："变化太大了，连我都要忘记这里原来的样子啦。"

2003年，左香云和妻子结婚，接亲回到神山村，新娘穿着高跟鞋小心地从泥地上走过才没有崴倒，小夫妻在亲友邻居的欢呼声中满脚泥土走进简陋的土坯房，这个山里的小家庭开始了艰辛又不失温暖的生活。神山村简陋的模样就这样跟着这对新人被一起记录在了胶片上。

左香云还记得，初中毕业留在家乡做竹制品时，村里所有的年轻人都外出打工，空心的家乡没有人气，也看不到未来。乡亲们制作的竹筷、竹篓只能通过一条曲折的山路送去茅坪镇售卖，来回路上要花四五个小时，收入却只能勉强保障温饱，许多家庭甚至只能吃不放油的“干锅菜”。

土坯房、烂泥路、干锅菜，小小的神山村虽然是家乡，但却无法让人安心地留下来。“我当时决定不外出打工，好多人都说我没本事，胆子小哦，”左香云说，“谁知道现在同学聚会大家都羡慕我日子过得好。”

2016年开始，井冈山按照“一村一策、一户一策”的思路，给予神山村很多帮扶政策。在神山村，按照“一户一亩茶竹果、一户一栋安居房、一户一个农家乐、一户一张保障网”这“四个一”方式推进产业扶贫。茂密的竹林间，开辟出一块块茶园、桃林，神山的茶叶和竹制品一起出现在井冈山各个商铺上，黄桃也马上就要结果。

左香云的竹制品则迎来了升级换代，除了传统的竹筷、竹篓，左香云还购买了电脑烧刻机，把描绘井冈山的经典诗句、国画刻在竹筒上，售价一下子能提高很多。左香云还研发出更有竞争力的“竹酒”：像打吊瓶一样往仍在生长的竹子里注入白酒，让这些竹子继续生长，到了一定时间后砍下来包装。这些带着山间竹香的酒成了市场上最抢手的产品。每当有记者提出想要见识见识竹酒的生产，颇具备商业头脑的左香云总是露出自豪的表情：“这可是商业机密，不能随便看的。”

神山村的路从山间的小道变成了沙土路，又从沙土路改成了柏油路，春节前后，道路还将继续拓宽，一批批游客走进神山村，体会这个小山村的巨大变化。左香云和乡亲们在政府的支持下，将原有的土房改造，还拿出积蓄，将住了大半辈子的农房腾出来，置办了餐具、桌椅，办起了农家乐。打糍粑、吃农家菜、看山里美景，山里的惬意生活让城里的游客流连忘返。

致富后的左香云购买了汽车，还在乡镇购买了商品房，每天开车上山就像城里白领上班。“我是为了孩子上学才住到山下，现在日子这么好，我可舍不得山里的生活哟。”随着村里经济发展，原本在外闯荡的年轻人纷纷回到村里创业。左香云做了个统计，2017年神山村村民新买了4辆小汽车，在城里买了4套商品房。左香云说，通过发展旅游产业，村民们收入大大增加。去年，神山村共有16家农家乐，预计今年还会增加。

2017年底，左香云在神山村用竹子、木头混搭盖成了一个40平方米的山货卖场。其中一部分，左香云用作出售神山小吃，另外一部分，则留给不能直接参与旅游产业的村民出售笋干、木耳或竹制品，目前已有6户加入。

跟着左香云走到村口，在路边的一面墙上，由27张满是笑容的人像照片组成一个爱心形状。在这个“笑脸墙”上方的一张照片里，左香云的父母左秀发夫妇笑意盈盈，举着“剪刀手”，着实可爱。

神山村的“笑脸墙”折射的是我国近年来脱贫攻坚的成绩，这一张张笑脸是数千万摆脱贫困的农村人口的集体表情。

“老话说‘子不嫌母丑，狗不嫌家贫’，我就是喜欢家乡所以当年决心留在神山，”左香云说，“但是，致富的日子更充实，富裕的家乡更可爱呀。”

（周密/文）

4.4 土家村寨好梯田

农户以前的房屋

朝霞初现，绕村的梯田如碧玉铺地。绿树掩映间，古砖木梁的土家民居错落有致。远远望去，绕村公路挂在山腰。潺潺的溪水流过农舍，晨曦之中，空气都格外清甜。

一大早，村党支部书记陶涛就出了门。村里正忙着犁水田，陶涛每天头一件事，就是沿着稻米梯田，细细查看进度。

退回去几年，村里还少有生人进来。“别说外人，本村年轻人都快走空了。”陶涛说。

这座名叫何家岩的土家村寨，位于重庆酉阳县花田乡。这曾是武陵山区腹地一个典型的贫困村寨：五成多的土地铺在坡度达20度以上的斜坡上，地块破碎，平均每块约2分地，耕牛犁田都难转身，当地农民戏称为“永向前”……

2012年，何家岩村农民人均纯收入还不到3000元，山高路远，“外村的姑娘一听何家岩就摇头，媳妇光见嫁出去，不见娶进来”。虽然何家岩也有自己独特的资源——4000多亩层层叠叠的梯田。

当地村民口口相传，早在500多年前，先辈们为躲避战乱迁至花田，发现当地有两个溶洞，清泉汩汩而流。有山有水好开田，何家人就此垦田种稻，生息繁衍。

深山腹地的何家岩，产业选择的余地其实很有限。因此，当人们找寻乡村发展骨干产业时，理所当然首先想到的，还是离不开当地最大的资源——稻米。

但是，农民也最讲实际，他们有自己的顾虑：一是何家岩地处喀斯特山区，水田难存水，只能流水养稻。“稻田几天就换一次水，耕作层浅，一锄头下去就是卵石。水田不存肥，产量低咋卖钱？”二是种稻辛苦，人力成本投入大，往往倒亏。当地有句俗语，“8月犁田一碗油、9月犁田半碗油、10月犁田来年只剩光骨头。”种稻就要抢抓农时，费心费力还不挣钱。三是一家一户种植，稻种杂乱，生产流程不统一，打不开市场，效益自然较差。

何家岩的水稻种了几百年，但代代种稻代代穷。人人赖以为生，却从未凭此致富。在老实憨厚的农民眼里，种稻是个没“奔头”的产业。

这些年，由于种稻不挣钱，农民蜂拥外出务工，700多青壮劳力几乎全部走光。原先的主业成了副业，4000多亩稻田，四成多撂了荒，另外四成多也已改种出力相对轻省的玉米、红薯，水田已所剩无几。

“咱农民不怕吃苦，就只怕下了苦力，也搞不到饭吃哦！”70多岁的何易学在村民会上讲了实话。要重拾稻作，大伙儿都没信心。

定下稻米产业发展目标后，乡、村干部曾一家一户做工作，但往往要吃“闭门羹”。何易学一家一开始也顶得厉害，看见干部要进屋，“嘭”的一声把门关了；不少农民也是顾虑重重，宁肯让自家水田荒着，也不让干部帮着犁田；有的村民听烦了，甚至还抡起扁担，把上门做工作的人赶进地里……重振贡米，带头人当年就脱贫。

花田以稻远近闻名，“黄杨扁担软溜溜……挑担白米下酉州……”土家民歌《黄杨扁担》吟唱的白米，就是以花田乡何家岩村等地为中心片区出产的。

即便稻米不赚钱，但当地人也还承认，大自然厚待花田，让这里山高水长、光照充足，产出来的稻米也带股“仙”气儿：香酥油糯、滑而不腻、质白如玉……端起一碗，清香扑鼻。据酉阳县志记载，花田稻米还一度是上供朝廷的贡米。

重拾稻作，何峰是全村第一个“吃螃蟹”

的人。说起当年愿意率先尝试，何峰笑言也是被“逼”得没退路了。

“之前全家人都在外打工了10多年，没攒下啥钱。反倒是妻子身体拖垮了，肾积水、心肌炎，周身都是病，不得已只能回老家。”为妻子治病，欠下一身债又没啥挣钱手艺的何峰，捡起了5户人拢共20多亩没人要，荒了多年的田土。

政府帮扶也没缺位。花田乡党委书记冉廷彪至今记得，当年为帮助农民整修梯田，重新种稻的场景："2012年3月，正是春耕时节，为抢农时，近60名乡、村干部全员发动，天天凌晨6点点名集合，打着手电筒进村，到人到户，帮农民犁田、放水。"

每日，乡村干部都要“白天汇总、晚上总结”，“一对一”提出帮扶方案：被说服种稻的何易学家3个儿子在外打工，两个老人都患有风湿性关节炎，平时走路都要杵棍子，何况下田种地。为此，乡里提出，由帮扶干部组织专业队伍，免费抬犁下田翻泥……

从传统资源中开掘产业新局，不仅要动员农民干，关键还要让人看到效益前景。

为此，乡里帮着种植户“抱团取暖”，组建了花田贡米种植合作社，由合作社统一稻种供应、种植流程，并开拓销售渠道，力争用高品质稻米抢占市场。

同样是种稻，为啥以前不赚钱，现在却逐渐成了“香饽饽”？这可不光靠合作社统一运营。其实，这些年在乡村发展中，一个个带着泥土气息的财富故事还在花田山间上演。这些故事的背后，离不开农民、土地与技术、品牌有效对接。

何家岩最大优势是什么？绿色、生态是不约而同的共识。“好山好水出好粮”，种稻就要种

何家岩村梯田古寨玻璃观景台

有机，依托品质走向中高端市场。

“现在村里5000多亩水稻田，种植全程‘喝’的是山泉水、‘吃’的是有机肥。”陶涛说，为了让零化肥、零农药的种植要求落实到位，村里在稻田四周区域还安装了12个摄像头，实时监控，规范社员生产行为。

农耕不打农药、除草剂，病虫害、除草问题咋解决？农民自有智慧，他们既有高科技，也有土办法——用杀虫灯，物理杀虫不污染；水稻间作，有效防止稻秧病变；水田养殖麻鸭，发展循环农业。

“村里请来重庆市农科院专家做了测算，一亩田养8只鸭正好，麻鸭会把田里杂草吃干净，

又不产生过重污染，保持生态平衡。”种植户陈素仙说。

“合作社对大米种植把关严，要求零农药、零化肥、零除草剂‘三零’标准，否则拒绝收购。现在搞有机种植，虽然亩产量下降了30%多，但产值却比普通稻谷高出4倍以上。”何雪峰说。

但这几年，有机大米能卖出高价钱，有人却也动了歪脑筋。为了提高产量、减轻劳动强度，个别人向田里打除草剂，乘人不注意偷施化肥……

好不容易树起的有机牌子，就这样砸掉啦?

农民自己的事，还得农民自己解决。大伙儿围坐一团，共同想办法。最后达成一致，种植户实行联户监督，以邻近5户为一个单元，相互监督。有一户洒农药，户户受罚。

既有约束机制，也有激励手段。为鼓励生态种植，花田乡政府以每头牛1000元的标准，连续5年对耕牛进行采购补贴。同时，每年每亩260元，向种田农民提供梯田保护费……

原来的“赔本生意”正在变成富农产业。靠着有机种植和品牌推广，“花田贡米”已是渝东南地区知名的“品牌主粮”，5000多亩核心种植片产值超过3000万元，甚至远销日本、香港等地。

（李松/文）

4.5 从“中国梨乡”到“月季小镇”

“春风尔来为阿谁，蝴蝶忽然满芳草。”四月的北京突然间暖和了起来，柳树吐出了嫩芽，路旁的玉兰花也渐次绽放，游人们纷纷出行踏青，品尝着春的气息，而位于京南的北京大兴魏善庄镇，正是踏青的好去处。

进入魏善庄镇，萧瑟已经退去，成片的月季花正含苞待放，即将呈现出一片姹紫嫣红的景象。

被誉为“月季小镇”的魏善庄，位于大兴区中心腹地，首都南中轴延长线从北至南纵贯全镇。这座小镇因为月季花而实现华丽转身，从一座以“一产”为主的传统农业城镇成功转型为拥有15000亩月季产业园区的“月季小镇”。

作为魏善庄镇半壁店村的村民，黄宝生现在的心情非常好。前几年，他家的6亩土地被流转出去，变成月季花的种植基地，一家人再也不用面朝黄土背朝天的种地了。

“流转的一亩地能有2500块钱，比一年收成高多了，家里人还能在附近的月季花园区里面打工，也不累了。”黄宝生说，收入比以前翻了两番还多，村子里的乡亲们整天都是乐呵呵的。

长期以来，魏善庄是一个主要以农业种植为主的传统乡镇，由于梨树种植较为广泛而被称为“中国梨乡”。如今，每到花开的季节，魏善庄处处鸟语花香，“花乡”成为这个81.4平方公里的小镇的新名片。以月季花为媒，观光、旅游、休闲成为这里的支柱产业。

半壁店村党支部书记王绍兰回忆，从前，乡亲们都种了梨树、桃树，需要施肥、除草，导致村子里垃圾遍地，污水横流。整个村子都是乌烟瘴气，出村的道路都是土路。‘晴天一身土、雨天一身泥’，有的时候大坑里的积水都漫过了腰。

“让人最发愁的就是村容村貌。”王绍兰说，破破烂烂的景象实在留不住人才。

2012年10月，正在申办世界月季洲际大会的北京市将月季大会的举办地定在大兴。月季大会

和大兴区 “牵手”成功。经过层层的选拔，最终北京市将核心举办地选定在大兴区魏善庄。

月季大会落户魏善庄对于北京大兴，对于魏善庄镇是一个历史的转折。曾因种植梨树而小有闻名魏善庄借助月季大会打造成了一个“月季小镇”。

借月季大会平台，魏善庄镇对主要道路两侧及周边村庄进行了综合环境整治提升，对村庄民宅进行整体风格改造，打造区域整体风貌。在土地方面，魏善庄镇将13个分散的镇级小型农业园，升级改造为了综合性的月季、文化、旅游公园。同时，镇政府引入纳波湾月季园与亿水阳光古老月季园等项目发展月季产业。

为了改变村貌，政府出资购买月季花送给村民种植，还邀请了国际知名的花卉种植专家来给“村民”讲课，力图让只会种树、种庄稼的村民变成花卉种植的“技术工人”。

工夫不负有心人，2016年5月，世界月季洲际大会在魏善庄顺利举办，前前后后一个多月的时间，就吸引了超过50万的游客到魏善庄镇参观游览，曾经的“中国梨乡”成为“月季小镇”。

现在魏善庄月季花的名气越来越大，可谓是购销两旺，就连北京二环、三环路上摆放的月季花也基本上用的是魏善庄的品牌。

“靠着月季花这个品牌，魏善庄算是趟出了一条新路子，现在新机场也在建设中，距离我们也就10多公里，地理位置太好了，一定要牢牢抓住这个机会，政府搭台、月季唱戏，把我们的产业做大做强。”魏善庄镇镇长王烨说。

而对于普通的村民来说，曾经默默无闻的魏善庄一下子炙手可热了，各类红利纷至沓来，生活发生了巨大的变化。

半壁店村也彻底变了样，路旁的边边角角都种上了月季花，垃圾大坑变成了景观湖变成了水系，进村的主路做了硬化，还种上了银杏树成了景观大道。

景观提升了，乡亲们的心情好了，整个魏善庄镇变成了一个大花海。

“开了春以后，月季花每月都能开一次，我们现在已经彻彻底底变成了花乡，连各种叫不上名字鸟都引过来了。”王绍兰骄傲地说，现在还有很多文化公司慕名来洽谈发展民俗产业，出去打工的年轻人也都渐渐回来了，未来的路越走越宽。

已经变了模样的魏善庄镇并不满足现状，他们立足月季花产业已经开始了“二次创业”，向整个月季花深度加工的全产业链延伸，目前已经开发出了月季花香皂、酒、精油、茶叶等深度加工产品，正计划扩大生产，抢占市场，打造一个响当当的新品牌。

“这几年魏善庄绿植覆盖率超过60%，老百姓的收入也是翻了几番，村容村貌天翻地覆，这只是几个小变化。我们还在转型的进程中，还要做很多工作，再过一两年过来，魏善庄又会是一副崭新的模样。”王烨说。

2017年8月，魏善庄镇获评国家住建部第二批特色小镇。在“后月季大会时代”，魏善庄再度创新了自己的发展思路——借势京津冀一体化、新航城建设等重大机遇，聚焦临空高端服务承载区、国门商务区、南中轴文化中心即“两区一中心”功能定位，打造文化中轴、生态中轴、国门中轴，乘势开启新型城镇化与美丽乡村建设“双轮”驱动。

（吉宁、孔祥鑫/文）

第5篇

古镇复兴

Chapter 5

左图：福建嵩口古码头。

右图：2017年7月25日，上海洋山深水港三期、一期、二期工程码头（由近及远）。（新华社记者申宏摄）

5.1 嵩口：因一项实验而“苏醒”

在疾驰的城镇化进程中，不少古镇、古村落面临两难：要么在衰败中不能自拔，老屋倾圮逐渐消逝；要么在过度的商业改造中，文脉支离破碎。乡村文明的传承就在这种艰难的博弈中苦寻出路。走进福建嵩口，发现这里既能寻味时间痕迹的厚重，也能感受古镇有机更新的活力。

嵩口实验，或许能为延续乡村文明提供一种新的选择和可能。

位于福州市永泰县的嵩口镇，曾因古渡口优势而商贸发达、繁荣一时。然而，随着城市化进程的冲击，古镇一度落寞而沉寂。年轻人大多外出谋生，留下的只有老人、妇女和儿童。

拥有160多座古民居建筑的古镇，连带着它所承载的乡村文明，似乎只能在不可避免的衰败中销声匿迹，直到一场特殊的“遇见”改变了它的命运。

十八大以来，中央持续推进新农村建设，嵩口也在此机遇下苦寻着出路。2014年，当地政府在一次对接会上与专注乡村建设的台湾“打开联合”团队一拍即合，他们决定将嵩口作为试验田，依托一群来自海峡两岸的年轻人，开始一场乡村经济文化“活化实验”。

这场“活化实验”，不想让乡村成为城市经济文化的附庸，不想太多打扰本地人的生活，而希望从既有村落和日常生活中挖掘传统的生活方式、审美理念和社会伦理，与现代生活重新对话、无缝对接，实现新时期古镇复兴的别样途径。

“我们想在外来新文化和本地文化中找到中和点。不做99度的高温旅游村，只打造一个自然而缓慢、贴近‘体温’的37度温暖古镇。”嵩口镇党委书记鲍瑞坊说。

61岁的竹匠庄传盛还记得，16岁时闯过学竹编最难的一关“破竹篾”，兴奋地就着师父家昏黄的灯，给自己编了个小篓子作为庆祝。三年后，他的竹编生涯达到巅峰时刻，“给什么图样就能编什么花样”。但没过多久，大老远上门学艺的徒弟一个个改了行，庄传盛开始担心自己的手艺要被“带进棺材”。“进工厂打工都不止100块钱一天，我们就算一整天破竹篾也赚不了那么多啊。”

社会变了，机器的轰鸣声中，很多“慢工出

1974年

1982年

1987年

细活”的工匠师傅不再被需要。迫于生计，庄传盛一度改行卖起了小吃。

和庄传盛一起被湍急的时代洪流抛在后头的，还有他置身其中的古镇。3.2万多人的嵩口曾是闽中水陆交通中心。随着水运衰落，作为码头的嵩口由繁盛而破败，人员外流，民居闲置，街道冷清。

台湾“打开联合”团队的到来，替嵩口镇推开了一扇复苏的门。但是当满口台湾腔的团队成员向居民宣讲“改造蓝图”时，村民们的第一反应是“古镇改造？旅游开发吧！”

并非如此。鲍瑞坊说，“我们不做让居民离开的旅游开发，对嵩口改造的前提就是不要打扰本地人依然在延续的传统生活方式和习俗，因为本地人和他们的生活才是古镇最珍贵的所在。”

这场复兴行动遵循“二八法则”：20%启用新东西，80%借助已有资源。这是古镇改造坚持“尊重自然、尊重历史”原则的必然选择，也是用最小投入实现最大活化的务实举措。

譬如，“打开联合”团队里的两岸年轻人希望对古镇进行一场“把过去美好的事物用当代的手法为未来保留”的改造，实现老手工艺人的生存和传承。

“一开始比我小了快40岁的年轻人过来找我谈合作，我是怀疑的。”竹匠方任兴坦言。但他还是尝试着按

嵩口新开的咖啡店

照年轻人的要求，开始做“嵩口LV”。这款颇具创意的竹制包包，经过几个二十多岁的姑娘们在微信上晒出，很快接到北京、上海等地的订单要求，销售一空。

投资经营示范公司、招募培养本地大学生、创办示范文创民宿和游客老手艺学习作坊……经过一系列动作，嵩口在年轻人的推动下名气渐渐传开。

经过仅一年多努力，嵩口古镇就获评首批“中国乡村旅游创客示范基地”，是福建省唯一入选单位。如今，闽台合力探索的古镇复兴“嵩口模式”已成为住建部、国家发改委关注的实验案例，当地农业、老建筑、民俗、手艺等经济文化力量重焕生机。

用古法夯土墙重新复原的嵩口景点“鹤形路”。

负责嵩口“美丽乡村”规划设计的小伙子石浩男认为，以前乡村根源上是小农经济的熟人社会，如今在新的时代，这里发展出了新的生活生产模式。“嵩口的未来应该是一个很大的平台。”

“新农村建设”不是一个新鲜词汇。事实上，在中国的历史上，也不乏民间探索者，早在1908年，日本留学回国的米迪刚就在河北定县翟城村尝试乡村合作社和村民自治，更有“乡建先驱”梁漱溟、陶行知曾做过不竭探索。

无论成功与否，总有一批人寄情乡村，希望探索出让“乡愁”更美好的办法。

（刘亢、许雪毅、刘娟/文）

5.2 “海丝·蟳埔”遗韵

福建晋江入海口，一座风情万种的小渔村——蟳埔村于此静卧千年，依然保留着古代海上丝绸之路的文化印记；与此同时，现代文明也冲击着这个被历史遗落的“活化石”。历史与现实在这个千年渔村实现了时空交错。

2018年春节期间，记者走进位于福建省泉州市的蟳埔村。村口处，一座座二层小楼鳞次栉比排列，小汽车鱼贯而入，乍看之下，这里与沿海的富裕乡镇并不二致。

沿着曲折、狭窄的村道走上百余米，另一番景致映入眼帘。头戴簪花围的蟳埔女挑着鱼篓匆匆而过，在泛着水汽的石板路旁，历经沧桑的蚵壳厝门口，三三两两蟳埔女或向来访游客贩卖刚刚捕捞回来的海鲜，或在自家小院娴熟麻利地敲剥海蛎。咸腥的海风徐徐吹过，空气中夹杂着一股氤氲花香，让人仿佛置身于梦中的桃花源。

蟳埔女独特的头饰是当地一道亮丽的风景，将秀发盘起，系上红头绳，梳成圆髻，穿上一支发簪，再用鲜花的花苞串成花环，圈戴在脑后，少则一二环，多则四五环，俗称簪花围。

春节期间，蟳埔女的簪花围更加繁茂锦簇，大裾衫的颜色更加喜庆明艳，信步渔村，犹如被一座座春意盎然的“小花园”所环绕。

背靠大海，蟳埔村村民世代以打渔为生，男人出海讨生活，蟳埔女便成了家里的主心骨，除了抚养子女、照料老人，还要在近海滩涂养殖海蛎，再拿到泉州各个集市叫卖。

蟳埔社区工作人员庄群介绍，近两年，来此旅游的游客络绎不绝，蟳埔村老一辈村民仍然过着讨海的生活，村里旅游业发展还比较薄弱。但与此同时，现代化的生活方式已悄然间向小渔村渗透。

有着几十年捕鱼经验的陈昆龙是村里第一个吃螃蟹的人，去年，他将祖上留下的蚵壳厝重新翻建成一座别具特色的渔家休闲小院，平日里坚持晨起捕鱼，只有在周末或节假日才来招待远方来的游客。

红瓦白墙的蚵壳墙围起一方舒适的空间，几百年的历史皆浓缩在这座院子里。游客可以在这里品尝特色渔家菜，也可以戴上簪花围，身着蟳埔女服饰，下海挖海蛎。

蚵壳厝就是用蚵壳做的房子，宋元时期，从泉州出发的远洋商船从非洲或欧洲返航时，将沿途海岸上的大蚵壳装载上船，以稳船只重心运回泉州。这些跨海而来的蚵壳，后来被当地村民用来建造房屋。

陈昆龙介绍，早些年村里有近百座蚵壳厝，但随着生活水平的提高和居住环境的改变，古老的蚵壳厝因年久失修逐渐被遗弃，为了保护好这些老宅，陈昆龙将被遗弃的蚵壳收集起来，存放

2017年4月24日，一名游客在福建省泉州市丰泽区蟳埔村的蚝壳厝前游玩。（新华社发／张九强摄）

在地下。“明年我计划将另外两座老宅也改造成民宿，以后游客还可以跟着我一起出海打渔”。

随着时代改变的还有蟳埔村年轻一辈。出生于1990年的王秀梅先后在英国和荷兰生活，2016年回到蟳埔村，与祖祖辈辈靠海为生不同，她做起了进口红酒的生意。

“我们这一代人大多受过良好的教育，选择更多，同龄人有到公司上班的，也有做老师的，很少有年轻人讨海的。”王秀梅说。

因为有国外留学的经历，王秀梅讲着一口流利的英语，每当有外国人来访，她常常被村里叫来义务讲解，只要有空，她从不推辞，几乎成了村里的形象代言人。“作为蟳埔女我感到很自豪，我很乐意把我们蟳埔村的文化讲给全世界听。”

“蟳埔习俗是泉州千年‘海丝’文化的见证，而蟳埔至法石社区沿线更有真武庙、美山码头、美山天妃宫、文兴宫等许多‘海丝’遗迹。”当地基层干部介绍，为了挖掘利用好这一蕴藏丰富的历史人文资源，打造富有特色的文化旅游品牌，今年3月当地举办了首届“海丝·蟳埔”民俗文化旅游节，从不同侧面展现“海丝”丰泽的风采神韵与蟳埔女习俗的独特魅力，吸引更多的海内外游客。

如今蟳埔港难再复兴曾经“潮涨声中万国商”的盛景，但记载着时光印记的蚵壳厝，勤劳朴实的蟳埔女依旧延续着历史的脉络，从簪花围到明艳的大裾衫，还有她们裸足踩过的滩涂和礁石，都注定成为永远的风景。

（刘姝君/文）

5.3 千年古镇溢酒香

夜幕降临，赤水河静静流淌，一弯新月下的茅台镇灯光点点。

一千多年前，这里盐商聚集，也孕育了酱酒精魂。自从1915年茅台酒荣获巴拿马万国博览会金奖后，茅台镇更以美酒名扬海外，成为世人公认的“中国第一酒镇”。改革开放以来，茅台镇顺应时代发展，实现了历史性飞跃，完成了一次又一次华丽转身。

集镇换容，告别脏乱差

站在四渡赤水纪念塔前俯瞰，眼前民居、剧院、广场错落有致。走进杨柳弯街，酒香四溢，古色古香楼阁下，游客络绎不绝，处处都是别样“芳容”。

漫步其中，不时有酒罐车和高粱运输车呼啸而过，三五个背篼，正把一箱箱白酒装入各地牌照的大货车上。沿途的专卖店、小酒作坊鳞次栉比，除了包装精美的“茅台”“赖茅”“国台”等品牌白酒外，一个个装着散酒的千金大酒缸，让人们仿佛置身于武侠世界的江湖中。

然而几年前，茅台镇给客人的印象还是拥挤不堪、污水横流、垃圾遍地。为了改变茅台酒香、茅台镇脏的面貌，一场城市蜕变的大幕拉开。

2012年，贵州在全省首届小城镇发展大会上提出，要把仁怀市茅台镇建设成为“贵州第一、全国一流、世界知名”的文化旅游名镇。

按照“一年出形象、两年大变样、三年基本建成”的思路，茅台镇拟定了“产业壮大、环境整治、交通疏解、旅游开发”等71个项目，总投资达256.89亿元。

在初期，不少人也不理解，认为是表面文章、“形象工程”。面对质疑，当地干部在群众的支持配合下，用真心诚意成功化解了一个个矛盾，先后征地上万亩，搬迁7000多户村民。

产业调整，走出小散弱

茅台镇是“国酒茅台”的产地，范围内酿酒企业超过数千家，白酒品牌超过3000余个。

2014年以来，茅台镇不断完善酒企管网改造、煤改气和品牌保护等工作，整顿规范地方酒类企业400余家，取缔关闭非法白酒生产企业、作坊120家，污染企业66家。

“在2013年经历深度调整期，那是过紧日子，最难的时候。”仁怀市酒业协会执行会长吕玉华回忆说，以前是皇帝姑娘不愁嫁，中央的宏观调控出台后，我们积极组织企业参加各类推介会、展销会，帮助开拓市场，招商引资签约资金

1982年5月，茅台远眺。（钟正刚摄）

百亿元。

据了解，目前镇域内资产规模上亿的酒类企业有10家，千万以上的有50多家。全镇有数万名农村劳动力转变成为产业工人，切实增加了百姓收入，提高农民生活品质。

统计数据显示，2017年，茅台镇完成地区生产总值558亿元，工业总产值532亿元，地方财政总收入10.107亿元。酒企工业产量完成22万千升，其中茅台酒厂6.8万千升，地方酒厂15.2万千升，实现经济价值数千亿元。

观念更新，迎“酒旅”融合

从环茅南路盘旋而下，穿越千年、有着美酒河美称的赤水河静静流淌，当地民宅大多沿江而建。茅台镇的人，一出生就和酒结下了不解之缘，家家户户，几乎都靠着一个“酒”字来生活。

2016年5月，贵州省第十一届旅游产业发展大会在茅台镇成功举办，从此拉开了茅台旅游的繁荣市场。

当地居民捕捉到新兴的市场，有的开文化民俗店，有的做特色文化餐饮，有的办精品主题酒店，一个“酒+旅游”融合发展的古镇正逐步成长起来。

随着发展步伐的加快，一张张闪亮的名片出现在世人眼前：第一批中国特色小镇，国家AAAA级旅游景区，中国十大品质休闲基地、中国综合实力百强镇……

“产业发展与集镇建设互动，人居与自然和谐共生，科技与人文交相辉映。”茅台镇负责人这样描绘如今百姓富、生态美的图景。

时下，每当华灯初上，茅台镇时常有精彩绝伦的“水舞秀”表演，使千年古镇犹如一幅“清明上河图”展现在世人的面前，令人心旷神怡……

（向定杰、钟正刚/文）

2016年4月，茅台远眺。（蔡海红摄）

5.4 靖港借水复兴记

“正是江南好风景，落花时节又逢君。”唐代大历初年，在安史之乱中饱受流离之苦的杜甫漂泊到长沙，偶遇音乐大师李龟年，感世伤时之余提笔写下了这首传世之作。

斯人已去，弦歌不绝。唐文化史上的这段佳话，至今仍在湘江边那个当年就叫靖港的古镇流传不绝。历经千年沧桑和数度盛衰，这座湖湘水乡古镇的身姿分外优雅。在抚平岁月风尘和兴衰转换的阵痛之后，因水而兴、因水而衰，继而借水复兴的靖港，如今又站上了一个新起点。

“有风也不走”的“小汉口”曾因水而衰

千里湘江，奔流不息，蜿蜒北去。

从长沙橘子洲大桥出发，沿着湘江西岸，驱车一路北行约40公里，就到了靖港。这里所属的

20世纪70年代的靖港古镇保健街。（新华社发）

2018年3月15日，靖港古镇的半边街。（新华社发/薛宇舸摄）

长沙市望城区是雷锋的家乡，湘江穿境而过，北通洞庭长江，南接潇湘南粤。

青石板的斑驳路面、明清风格的湖湘民居、波光潋滟的天然河港、刚吐出新芽的临水垂柳、坐在街角晒太阳的老人、三三两两走过的游人、沿路不绝于耳的叫卖声……穿行在靖港大小街巷中，生活气息很浓，商业味道不重，能满足你关于江南水乡古镇的很多想象。

熟悉靖港“身世”的老人说，靖港原名芦江，历史上处在湘江与沩水交汇处。唐朝大将李靖曾驻扎练兵于此。李靖善待百姓，百姓德之，古镇始称“靖港”。

在水运兴盛的年代，靖港有着“小汉口”的美誉。商贾云集，店铺相连，湘米、淮盐、花生、园茶、蚕豆、禽蛋、绸布、棕麻等踞此集散。“船到靖港口，有风也不走”，就连见多识广的过往客商船工，到此都流连忘返，乐不思蜀，可见靖港是如何繁盛一时。

喧嚣繁华总有雨打风吹去的时候。20世纪50年代到70年代，靖港迎来了自己的一次命运逆转。由于水患严重，沩水在河道治理中被人为改道，改由靖港南面的新康乡汇入湘江。“江口”地位骤然失去，那来自沩水上游的“乌舡船”和来自湘江的过往船只，无法再进靖港，古镇顿时走向衰落。

致命的“二次打击”发生在2000年前后。其时，原本红火的县办企业和乡镇企业没能经受住市场竞争冲击，相继关停并转，工人大量下岗。靖港居民迫于生存压力，陆陆续续离开靖港到长沙或其他地方打工。

古镇最后的荣光，荡然无存。

“活着的古镇”成湖湘文化品牌

2011年5月，望城撤县建区，成为长沙市第六区，千余平方公里的发展空间被寄予厚望。在淡出人们视野10余年后，沉寂已久的靖港终于迎来了新一轮历史发展机遇。

党的十八大以来，以人为核心的新型城镇化成为国家战略。望城当时的决策者们研究认为，如果走“摊大饼”式发展老路，既难以避免交通拥堵、环境污染等“城市病”，也会加重农村凋敝等问题，因此必须走新型城镇化道路，重点发展小城市、小城镇、小村庄。

在这样的背景下，包括靖港在内的湘江古镇群落复兴被提上日程。一位参与靖港开发的亲历者说，“当时整合了农口、交通、文化等渠道的资金，先期投入600万元，然后争取上级发扶持资金，投入到古建筑修缮和基础设施配套，稍有起色后，社会资本就来了。”

修旧如旧，是修复靖港风貌的“金规铁律”。当地干部和居民很庆幸，靖港没有盲目地大肆拆旧建新，简单克隆。而是以部分留存完整的古建筑和镇上老人的回忆为参考，请镇里匠人逐户设计，逐户恢复，原本本、绿油油、水灵灵地保留了这座湖湘历史文化名镇的特色和风貌。

置身于靖港，你会发现这是一个活着的古镇：漫步半边街的垂柳下，挑一处茶座歇脚，吃一碗香气扑鼻的糯米甜酒，来一杯韵味悠长的芝麻豆子茶，跟叫卖小吃的老娭毑（长沙对老妇人的俗称）聊聊街面上的掌故，仿佛有一种时光穿梭倒流的感觉。

能叩动人们心弦的靖港，引来了纷至沓来的寻访者。古镇的复兴，产生了强大的溢出效应。在靖港周边，湘江上下游还星罗棋布地分布着一些各具文化底蕴的古镇。在靖港示范带动下，尝到甜头的望城又趁势打造修复了乔口渔都、铜官陶城、新康戏乡，如今湘江古镇群落已经成为最具号召力的湖湘旅游休闲文化品牌。

芳华再现后“原住民”有了优越感

早春三月，再来靖港。此时，春风已吹盛繁花，来访者尽可将都市生活的焦虑和忙碌暂且放在一边，安安静静地感受一份“陌上花开，可以缓缓归矣”的淡然闲适。此时的靖港，已经洗净风霜，再现芳华。

65岁的老易是我们在靖港碰到的原住民。老易告诉我们，20世纪80年代初，他的父母从国营饮食店退休后，趁着改革开放的东风，重拾祖传的老手艺“杠子面”，在街边摆摊卖面，1毛2一碗，刚开始每天也能卖二三十块，90年代他接手后，却慢慢做不下去。

“街面上很久人都看不到一个，全走光了。”老易说，“古镇复兴以后，我们一家就回来了，重新打出了祖传‘怡华楼’的招牌，两个儿子一个卖手工米粉，一个卖手工面条，平时每天能卖三四千，高的时候能卖上万，现在‘杠子面’还入选了望城区非遗名录。”

寻访至远近闻名的靖港李氏香干作坊内，第五代传人李鑫民说，现在靖港李氏香干产量已从他父亲那时的300片，增加到了现在的1000余片，但依然供不应求，如果不提前预订，过了中午就买不到了。为了保持最正宗的味道，他至今坚持一片片手工捏制。

在靖港镇党委书记李志钢看来，靖港古镇的

2018年3月15日，航拍的靖港古镇。（新华社发／薛宇舸摄）

复兴既让百姓获益，也让政府得利。古镇开发之前，一栋民房卖5000块钱还没人要，现在出价一百来万房主根本不愿意出售。古镇复兴前的2006年，区里只给靖港下达了1万元的地税任务；2017年，靖港财税收入达到了3650万元。

“我从小在靖港长大，小的时候镇里来了辆吉普车，小孩子都要追着看稀奇。有的人家装了盏电灯，还要在墙上挖个洞，一盏灯照两个房间。”李志钢说，“你难以想象，现在靖港人讲起‘我屋里是靖港的’，言语中居然还透露着很明显的优越感！”

（苏晓洲、刘良恒／文）

5.5 迪庆藏区的三组照片

盘坐在地上学珠算、站在野地里衣衫破旧的人们、房屋稀疏人烟稀少的古城一角……“凝固瞬间，见证历史”。20世纪五六十年代，新华社播发和收藏了一批反映今云南省迪庆藏族自治州当时的生产生活、社会风貌的照片，留下了那个时代的“容颜”。

记者从中选取了三张照片，按照片所拍摄的地点和内容故地重访，经过半个多世纪的时光变迁，一切都今非昔比，一些老人用“天翻地覆”来形容，“沧桑巨变”等词不断被提及。

抚今追昔，巨变令人感慨不已。

稀疏房屋VS旅游“明珠”

“变化太大啦!这里是我舅家生活的地方，靠山脚的这片地是他家的麦田。”现年75岁的退休干部祁继光看照片时很激动。小时候，他常在照片拍摄的区域玩耍，还在照片中的小学上过学。他回忆，当时大家穿的是自己织的麻布衣，吃饭用木碗，几乎家家欠债。“过年时才能吃上大米饭，‘穷’和‘冷’让人印象深刻。”

根据1997年出版的《中甸县志》记载，1957年至1977年，约80%的城镇居民生活消费水平相对较低，居民中有能力购买自行车、收音机、照相机者极少。1950年至1970年，城镇居民中一般家庭只有一两只木箱，装衣物被褥用，部分家庭有碗柜、食品柜等生活用具，居室一般较简朴。1975年前，农村家庭除极个别有一两床褥子，或有一两个镶银木碗外，无自行车、手表、收音机等现代耐用消费品。

独克宗古城建城历史距今1300多年，是“茶马古道”上的重镇。古城管委会党组书记松建华说，老照片反映的古城当时有300户左右人家，现在超过1200户，当年群众生活可以用“穷、苦、泪”来描述。

“吹拉弹唱，打球照相。”他幽默地描述自己退休生活。退休前，他是州委党史研究室主任，写了10余本书。他回忆说，当年“没床睡，没棉被盖”的日子一去不复返。“如果父母生活在我们这个时代那该多好。”祁继光眼角有些泛湿。

祁继光当年就读的小学现已更名为独克宗小学，已搬到百米开外的新址。校长唐向阳说，学校有了现代化的教学楼，配备了多媒体教学设施。电脑培训室、图书阅览室、少年活动中心等一应俱全，学校还开展了电子舞蹈、书法绘画、

上图： 1951年11月，云南中甸藏族农村景色。（资料照片）
下图： 2016年3月22日，云南省迪庆藏族自治州香格里拉市建塘镇独克宗古城和远处的新城一景。（蔺以光摄）

1950年11月，中央西南民族访问团来到云南小中甸访问，受到藏族群众的热烈欢迎。这是参加访问团欢迎会的藏族群众（资料照片）。

科学实验等兴趣活动。

环境变了，孩子们生活也有了保障。午饭时间，孩子们高兴地享用着“免费午餐”。“免费午餐”是“高原农牧民子女学生生活补助”惠民政策在独克宗小学的一个实现方式，学校把补助以企业托餐形式为学生提供午餐，每餐三菜一汤，一荤两素。“经济社会发展让教育事业切实受益，学生的营养状况、学校教学条件和环境等都得到改善。”唐向阳说。

在古城月光广场上，许多游客在广场上用自拍杆拍照，出售纪念品和拍照的商贩也不时地向游客推介生意。广场一侧的停车场停满了旅游车，陆续有成群的游客下车走进古城。松建华说，大家当导游，开客栈，做工艺品，搞农家乐，旅游的发展让古城变了样。

据香格里拉市建塘镇介绍，2015年全镇农村经济总收入达1.65亿元，同比增长17%；农民人均纯收入达8178元，同比增长14.7%。去年，建塘镇共有乡镇企业105家，民营经济营业收入达9.85亿元。

贫穷落后的乡间VS现代化“时髦”小镇

“这是那个时代的普遍情况。”祁继光认为这张老照片反映了当时小中甸群众生活的状态：缺衣少食，衣服大都是自制的麻布衣。照片里的人们衣服破旧，这令成长在新时代的小中甸镇镇长张林震惊不已。“当年穿的衣服，现在可当垃圾一样丢掉；以前生病时才吃大米，现在随时都可吃上；那时过年时才吃的‘珍馐’，在现在很常见。”张林说，爷爷等长辈是靠打零工，走马帮，才能勉强维持生活。“变化可谓翻天覆地。”现在的小中甸镇可以说“生产发展、生活宽裕、乡风文明、村容整洁、管理民主”，许多人家买了汽车、卡车，最富的人资产上千万元。“现在的好日子岂是当时所能比的呢?”张林说。

走进现在的小中甸镇，一条宽阔的水泥路穿镇而过，街旁立着高大的路灯，超市、服装店等铺面不时映入眼帘。镇上的农贸市场里，各类蔬菜、肉食品类繁多，卫生环境干净整洁，群众往来购买，秩序井然。

在一家银行营业厅门口，一个身穿皮衣，眼戴黑色大墨镜的时髦年轻人正和同伴在商量贷款准备做买卖。见到记者，他把大墨镜抬到头顶说，现在政策好，给大家的发展带来了机遇。

2016年3月23日，云南省迪庆藏族自治州香格里拉市小中甸镇团结村的妇女。（王长山摄）

打算盘VS用电脑

82岁的余志成说，他记忆中，当时大家读书少，文化水平不高，学珠算当会计可是让大家羡慕的事儿。一个村子里会珠算的就那么几个，初中毕业生在村子里都堪称“高级知识分子”。“当时吃穿都很简单。”

据1997年出版的《德钦县志》记载，职业教育方面，新中国成立前，德钦未开办过职业教育；新中国成立后，除开办了几所较为正规的职业教育学校外，在20世纪60年代还办过一些短期职业教育学校。1965年至1967年，由县手工业联社办了两期技工培训班，分基建组、缝纫组、皮革组和砖瓦组，两期学员共45人。

当时，余志成是生产队车把式，赶着三匹骡子拉着的大车，从中甸县城拉粮食要好几天才能到德钦县城。那时一年收入不高，现在他家年收入几万元。“生活好多了，低保、养老保险，上学不花钱，退耕还林有补助……”他掰着指头细数国家好政策。

“打算盘？真难以想象。”28岁的德钦县人

社局财务室会计魏霞，穿着时髦的羽绒服坐在电脑前处理账务，看到老照片时，她一脸惊诧。魏霞毕业于昆明学院经济系财务管理专业。经过4年的专业训练，她对财务管理熟稔于心，并能熟练地运用各种财务软件。

魏霞没学过珠算，只是作为历史了解过，现在她用电脑操作。“那一代人用珠算真是不容易，我们用电脑是享受了科技发展的好处，而未来，必然还会超过我们这一代。”魏霞说。

近年来，以下岗失业人员、农村剩余劳动力以及初高中毕业生为重点，德钦县大力开展职业技能培训，培训内容包括烹饪、种养殖技术、农用器具维修等，当地每年都会有3500多人进行岗前培训。

德钦县人社局副局长瞿梅芳说，现在全县有专业技术人员1680多人，每年都通过就地培训、转移培训、引进培训，还有学校的专业培训等方式，培养人才。“时代不断发展，我们的培训工作也将不断推进。”

（王长山、侯文坤/文）

左图：参加云南省迪庆藏族自治州德钦县举办的会计训练班的藏族学员在学习珠算。（1961年11月发，资料照片）

右图：2016年3月22日，云南省迪庆藏族自治州香格里拉市独克宗小学几名藏族学生在上计算机课。（蔺以光摄）

1984年，安亭镇镇中心。

5.6 从归震川旧里到“中国汽车第一镇”

记得曾经读到过一篇回忆性的散文，是原籍为沪郊嘉定安亭的老翻译家李金波在20世纪80年代写的。当时他在文中就说道：这个认明代著名文学家归有光震川先生为“乡先贤”的沪上古镇，“现在是上海市的卫星镇，而且是一个初具规模的汽车城了”。

时间又过去了30多年。如今，嘉定安亭已是“中国汽车第一镇”，在全国已推出的国家级特色小镇名录中，独以汽车产业为特色，可说是“特色中的特色”。

翻开嘉定安亭的“汽车发展史”，可以梳理出一个清晰的“脉络”：20世纪五六十年代，“凤凰牌”“上海牌”等国产轿车品牌从这里诞生；80年代初，中德合资的大众桑塔纳由这里实现流水线式规模化量产。在立足汽车生产、研发和贸易的基础上，安亭更广延至汽车博览、教育、运动和文化，正在打造成为有世界影响的“全产业链+全价值链”的现代化国际汽车城。

老翻译家在“梦里忆它千百度”的家乡忆旧中提供的那一条“由归震川到汽车城”的“历史线索”，到了安亭的实地上来一看、一想，便马上感觉到毕竟是“故乡人最是理解故乡事”：在安亭，传统与现代“那么友好地相处在一起”。传统从未拒斥现代，现代亦未忘记传统，传统与现代在打通中“彼此尊重”。

就像老翻译家在文中所记述的：“震川先生可算是半个安亭人。因为他的老家是在昆山，而他夫人的母家却在安亭镇上。有时候他就到安亭来住上一段辰光，因此震川先生也被安亭人承认为这儿的‘乡先贤’了。后来就在镇的边上，出现了一座纪念他的建筑物——震川书院。”这个震川书院，如今在安亭不仅依然好好地保留着，而且还是大家觉得“神圣”和向往之地。这里面反映出来的，是这一片古老的土地上，对于贤明、“好的东西”的一派“服善”之诚，或者换言之，就是一种诚恳的“学习精神”。学习精神，也就是一种开放明达的精神。

有一次，与上海国际汽车城产业发展有限公司的董事长施敏聊天，他是国内的一位“老汽车人”，大学里读的是汽车，学校毕业后在天津搞汽车，到上海、到嘉定、到安亭，已是2000年之后了。不过，他说，他遇到了“中国汽车最精彩的一段”。他一到安亭，即全程参与筹建上海国际汽车城。“现在回过来想，这实在是太重要的一步。”老施郑重地说。

如果说，中国汽车没有停留在“进口汽车组装”这一起步环节上“享清福”，那么，建设汽车城的决策，可以说是其中一项重要的思路转型。只有一点一滴地向全产业链、全价值链扩展，才能形成一个最大的产业、社会和文化舞台，成为国际的“汽车”中心平台，各样的“好东西”、各种的“好想法”都能够汇集在这里，互相碰撞、重组和融合。

当我们问老施：“上海的汽车城为什么会放在嘉定安亭？”他好像早料到了这个问题，也早已思考过这个问题，脱口而出：“看似偶然，实有必然。”地理位置、区位优势、与上海城区的紧密程度，当然都是重要的考虑因素，不过，这一片土地上的那一种“服善”之诚和开放学习的精神，却无论如何也是一种无形的推动。

翻阅安亭镇改革开放以来积存的经济社会资料汇编，其中有不少篇，都是叙述了一些那样传统、质朴的村庄，面对“家门口”突然而至的那样先进、似乎“高不可攀”的汽车业巨头，没有排斥，没有畏缩，也没有自惭形秽，而是好奇，认真、虚心和诚恳，并且那样的善于开动脑筋。

上海大众所在的安亭塔庙村，从20世纪五六十年代起，就接受上海汽车产业的生产布局，几代村民中，都有不少被安排在汽车厂工作。这些村里的“汽车人”，他们身上的技术和手艺，塔庙人都是视作村里“共同的财富”。当改革开放使经济要素流动起来之后，塔庙村与上海大众之间的“墙”很快就打通了，村干部的恳切和热心，让现代化大企业也很快感受到中国乡村内在的热力和活力。上海大众的“外溢”效应，让塔庙村活起来了，村可支配资产的年收入已突破亿元，村办集体企业已发展到上海市外设分厂，成为上海大众A级供货商企业。而且反过来，塔庙村也成为一个“缩影”，使得上海的汽车业，从汽车产业基地转型为全产业链、全价值链的汽车城，有了一个生动的“注脚”。上海大众与塔庙村之间的“拆墙”，正是汽车生产与汽车研发、汽车贸易，以及汽车产业与汽车社会、

汽车文化之间种种“拆墙”的第一步。

安亭人注定不喜欢“筑墙”，而是诚恳虚心地“拆墙”，这是由这一派土地上从“震川书院”一脉而来的“服善”之诚和学习精神所决定的。一个人只有真心实意地明白别人好在哪里，才能反过来真正“读懂”自己好在哪里，也才会让别人来真心实意地明白“你好在哪里”。全球化的当今世间，“拆墙”太可宝贵了。

安亭镇的负责人说起了一个故事：当时在上海国际汽车城引入F1赛事，新建上海F1高标准赛道。中国人第一次那样热心和诚恳地“拥抱”国际汽车文化和运动的“顶级精华”，外方设计师在实地切身地感受到了。他的内心也对中国文化完全开放了，对中国元素是那样地热心和敏锐。甚至有一次，他随意地到上海豫园去游玩、散步、吃小吃，也不忘细致地观察和收集中国园林的独特美感，最后融合到上海“申”字形F1赛道的设计方案之中。中国、嘉定、安亭的“服善”

2018年，安亭镇镇中心。

之诚，也让“老外”成为“安亭人”。

如今，中国上海国际汽车城，已成为全球电动车和智能网联汽车的一个重要全球性“节点平台”，悄悄地形成了“三个全球领先”：上海成为全球新能源车保有量最大的城市、上海成为全球新能源车分时租赁规模最大的城市、上海嘉定建成全球领先的国家智能网联汽车测试区域。嘉定近来有一句话很流行：过去汽车改变了嘉定，未来嘉定也许能给汽车业的改变有所贡献。语气中，还是不改那位安亭的老翻译家所概括出的这一股“服善和学习”之诚。最近，老翻译家的一位侄子，退休之后叶落归根，回到安亭老家，用自己平时收集起来的大大小小古今中外的钟表，建起了一座“大来时间馆”。时间当中，有变更有不变。对故乡的情义，以及故乡“泥土里的东西”，永远不变。

（李荣/文）

第6篇 希望新曲

Chapter 6

被誉为“中华公路第一高桥”的金水沟大桥在陕西省合阳县境内建成通车。这座大桥是国道108线（北京—昆明）上的大型高架桥，采取民办公助的形式，总投资2500万元。全桥12跨11根墩柱，桥面与沟底最大高差为92.44米，均居国内公路桥之首（左图）。居住在金水沟的农民祖祖辈辈吃尽了坡大沟深的苦头，他们主动捐钱捐物支援大桥建设，67岁的老汉张连成（右二）省吃俭用把准备给儿子结婚用的1220元钱捐出来。当看到梦想成真时，农民们高兴得合不拢嘴。（新华社记者范德元摄；1994年8月6日发）

2018年3月30日，广西凌云县弄福公路。（新华社记者张爱林摄）

6.1 “愚公”移出坎子山

春天的坎子山，漫山遍野地散发着生机。

来自陕西、鄂西北地区的游客，怀着对坎子山石林、清真寺等旅游名片的向往，慕名而来，踏青的脚步，驻足在坎子山里。

这是位于湖北西北关口的小山村，一进村，一座书写着“坎子山石林”的高大门牌坊竖立在进村的拐弯处，迎接着每一位进村游客。

如今，坎子山村不仅要将通村公路从3米拓宽为6米，村里的万亩石林还有望开发旅游业。秦巴黄牛、马头山羊的养殖业、高山蔬菜种植业和500亩华山松林也将给村民带来脱贫致富的希望。

说起这一切，村600多名回汉两族同胞村民无不对村支书“愚公”魏登殿竖起大拇指。坎子山村党支部书记魏登殿是党的十八大、十九大代表，他对坎子山村倾注了大半辈子的心血。

湖北省十堰市郧西县湖北口乡坎子山村是湖北最偏远的少数民族山村，回汉杂居，位于秦楚交界的大梁山上，海拔1700多米。

1975年，这里水、电、路三不通，村民连饭都吃不饱，是出了名的贫困村。这一年9月，22岁的魏登殿从部队复员回家，当上了村党支部书记。而这一干就是近40年。

村里180多户人家，只能靠着大梁山上崎岖陡峭的牛羊小道与外界交通。从村里到集镇，长达七八多里路，陡且险，往返一趟得五六个小时。坎子山人尝够了没有路的苦。

“路不修，我们种的土豆赶集去卖，都是弄个背篓，一个人背七八十斤，早上天不亮就走，到了街上就八九点了，晚上还要摸黑回家。”村民阮班星回忆起当年没有路的日子直摇头。

“要想富，先修路”，看到老百姓进出村都要肩挑背驮，魏登殿决心全力打通大梁山，把公路修到山顶上来。然而由于村里穷，债务重，这个项目拖了1年多。1977年初，他找县领导专项支持了几万元。靠着这第一笔钱，200多名村民历时11个月的奋战，以蚂蚁啃骨头的精神为坎子山村凿出了一条“出山大道”，坎子山村终于有了一条通村的公路。

2003年，魏登殿带领村民修好通组主干路；2004年，魏登殿又在湖北口搞起了村级硬化路面；2008年，魏登殿带领村民修通往陕西镇安县茅坪乡的道路……

站在坎子山村最高处牛头岭，山下千沟万

坎子山如今的公路。（杨洪霞摄）

壑、石林遍山。一条条“弓”字形通村通组公路，曲曲折折，盘山而上。如今从山村到集镇，只要15分钟的车程。

站在村里一看，一排徽派混合回族风格的移民新居已经巍然矗立。移民新居前占地900多平方米的坎子山文化广场上，篮球、乒乓球场地及多种健身器械一应俱全。

村民杨彩华说，托扶贫搬迁补偿的好政策，能从海拔1700多米的大山上搬下来，过去“想都没想过”。

村里还在去年新建成了集中安置房20户，村里统一配齐水、电、路等基础设施，村里空巢老人、残疾人和五保户都安置了进来。

房子建好了，路也通了。杨彩华笑着对记者

坎子山村如今的新集中住宅。（杨洪霞摄）

说，“坎子山”牌的高山土豆、圆白菜、玉米等农产品，可以直接拉到县市里的超市。大山外的人，自驾开车进村的越来越多，“希望村里的旅游发展起来后，自家可以搞农家乐，让口袋再鼓起来”。

杨彩华的期盼并非凭空想象。魏登殿盘算着：坎子山村有万亩石林、溶洞、清真寺，可以开发搞旅游；家家户户种植的高山蔬菜，天然无公害，特色马头山羊、秦巴黄牛，品种优良数量大，肉质鲜嫩，可以深加工……

魏登殿说，过去由于基础设施配套落后，坎子山村农业发展相对滞后，全村179户653人中，贫困户达31户。“如今，我们因地制宜发展特色产业，让更多的村民，从大山上搬下来，稳得

改革开放后魏登殿带领村民修出来的第一条通村路。（陶德斌摄）

住、能致富不成问题。"

"十九大报告提出建设美丽中国，我们要建设美丽乡村。种植好高山蔬菜、玉米；养殖好马头羊、秦巴黄牛、黑猪和土鸡；借助高山蔬菜合作社、玉米加工合作社和牛羊肉深加工合作社做好加工业。"魏登殿说。

"作为一名基层党代表，应该帮老百姓多干点实事，让群众感受到党的关怀和温暖。"魏登殿说，我们坎子山也希望有更多资金"上山下乡"，给村民带来新发展观念，让老百姓不仅"富口袋"，也能"富脑袋"。

（李伟/文）

6.2 日月山新曲

青海日月山，传说文成公主进藏和亲途经此地时摔碎宝镜而得名。此镜为二，乃唐太宗所赐，一名日镜，一名月镜，让她在思念家乡时照一照，即可看到家乡景致，以解离愁。她在山脊上揽镜而照，却离愁倍增，于是将镜甩落此地。甩在东的是日镜，甩在西的是月镜，摔碎的镜片被风沙掩埋，遂有日月二山。

汉家的宝镜摔了，唐蕃从此一家亲，日月山也变成唐蕃之间最大的贸易中心，“互市”的传统一直延续下来。

“有钱的吃着，没钱的恨着（干看着）。光着脚绊着，舌头儿担着，涎水咽着，南山的坡坡里转着”，20世纪80年代卖货郎的吆喝声依旧在刘全老人耳边回响。

“逛展销会最热闹了，各地特产都有，十里八乡的人都往那里赶”，他说：“那时候穷呀，买上一碗面片要弟兄几个人分着吃”。

68岁的刘全出生在青海省西宁市湟源县日月山脚下的日月藏族乡兔尔干村。

20世纪80年代，改革春风吹进了曾经的“西海屏风”。人们开始对新兴事物充满好奇：第一场展销会，第一个外出打工者，第一个个体商店，第一座溜冰场，一切都变得如此之快，展现出无限可能的朝气。

“特别是土地承包政策实施后，农村有了剩余劳动力。他们经商、跑买卖、打工，带来了新思想，增长了见识，那时候农村有句话，‘农村老师的见识不如农民的见识’”。湟源县县志办编辑靳增发说。

当时正值壮年的刘全也和村里人一起外出打工。翻过日月山，到达拉萨，几经辗转，还和同村工友一起到青海省海北藏族自治州祁连县淘金。

改革春风让兔尔干村实现了生活资料供给由长期短缺到基本平衡、丰年有余的历史性转变。据村里老人回忆，当时村里就有好几个“万元户”。

世纪之交，我国经济发展和对外开放进入了一个新的发展阶段。“要想富、先修路，要快富、修高速”成为共识。千年唐蕃古道也由土路变成了柏油路，又升级为一级公路。

109国道青藏线竣工前，刘全看准时机，用积攒的钱开了小卖部，为往来的客人提供歇脚处，生意红火。第三年，利用政府危房改造的政策，他自筹10万元，政府补贴2万元，搬进了100平方米的新居。

交通优势也转化为经济优势，当地政府积极开展横向联合，发展商品经济，和省外经贸部门

20世纪80年代中期，参加当地六月六展销会。（摄于湟源县，傅国燕供图）

联合办起了皮革、礼花、塑料加工等企业。在加快改革开放的浪潮下，重振昔日日月山“茶马互市”的雄风。

随后几年，扶贫开发和新农村建设统筹推进，农村基础设施建设逐步完善。特别是党的十八大以来，坐落在日月山下的小村庄，依托连着田间地头、串起千家万户的农村公路，发展特色农业、乡镇工业、旅游服务业，“农家乐”“乡村游”迅速兴起，人流、物流、信息流更加畅通。

如今，走进兔尔干村，干净整洁的农家院落，传统熬茶飘香四溢，抬头是蓝天白云，两公里外便是风光旖旎的日月山景区核心景点。2017年，兔尔干村打造的日月集镇入选全国第二批特色小镇，该村人均年收入由2008年的2300元增加至如今的8000元。

“党的政策越来越好，农业税取消后，孩子上学不要钱，现在看病也能报销了，就连买个洗衣机、电视机也有家电下乡的补贴。”刘全说。

近两年，为改变农民单打独斗的局面，兔尔干村科学整合资源，着力保护开发传统村落，打造了24个民俗庄廓，这些庄廓是有着高大土筑围墙的“四合院”，是古代具有很强防御性的军事工程，村里以这些庄廓为依托，通过一院一品、一户一业开展旅游服务，让村民在家门口增收。为了凸显秀美景观，村里整治河道边渠、乡村道路，栽植各类苗木，形成了“山水环抱、户户见绿、自然古朴、错落有致”的乡村景致。此外，在资1.6亿元建造兔尔干新型农村社区里，旅游综合服务中心、活动广场、停车场、卫生厕所、通讯、电力等多项配套服务一应俱全。

“现在村里搞生态旅游，来日月山的人越来越多，我也不能落后呀”，刘全说，自己的小女儿刘玉花刚刚参加完政府组织的农家乐厨师技能培训，他也要把自己的商铺扩大经营范围，添置些特色藏绣、毡靴等当地特色产品，兴办农家乐。

“党的十九大报告中说，要实施乡村振兴战略，村里的发展肯定会越来越好！”刘全说。

（陈凯、徐文婷/文）

2016年7月，湟源县日月藏族乡兔尔干村全貌（新增发供图）。

6.3 远去的马帮

叮叮当当，叮叮当当……光明时常在梦里依稀听到马帮归来的声音。父亲走在前面，巡查着路线；自己跟在后面，吆喝着牲口。马蹄声，马的喘息声，马背上一袋袋货物的摩擦声，伴着阵阵马铃，回响在多雄拉、嘎隆拉山的雪峰和沟壑间……

1983年11月，墨脱县的藤网桥，具有独特的建筑技艺和民族风格。（新华社记者土登摄）

光明，1968年生，墨脱县墨脱镇墨脱村门巴族人，19岁开始便追随父亲贡桑罗布经营马帮生意。儿时的记忆里，墨脱镇处在一片沼泽包围中。全村只有20多户人家，住在木板茅草搭建的吊脚楼里。出行要踩着沼泽中的木桩“练功夫”，生计主要靠打獐子卖麝香维持，香烟啤酒仅仅听说过名字而已。

20世纪80年代末，墨脱县城所在地墨脱镇有门巴族、藏族住户1100多人，仅有的14公里乡村马道是唯一找得见的村路。县城仅有的一条简易的水泥路旁，拥挤着无数木板房、铁皮房，是政府办公场所和民居，也是看得见的全部建筑。仅有的一家政府专营商店里，商品单一，售价奇高。被外界戏称为“有县无城”。

因四周雪山高耸、山高谷深、行路艰险，使墨脱成为名副其实的“高原孤岛”。当地所需生活物资和建筑材料，只能在冰雪消融的季节，靠人背马驮，从波密县的扎木镇或米林县的派镇运进来。光明记得，从20世纪80年代初开始，马帮逐渐在村里兴起。同村人组成马帮，为部队、政府以及企业运送生产物资和生活资料。当时每公

2017年3月30日，鸟瞰西藏墨脱公路。（新华社记者普布扎西摄）

斤运费4元，每匹马驮75公斤，人背50公斤，一次能挣500元，一年能赚2500元。

人们都说：走过墨脱路，不怕人间苦。未通公路前，无论从哪个方向进出墨脱，光明和父亲的马帮都要流汗又流血，经受蚂蟥蚊虫叮咬和毒蛇猛兽的威胁，冒着生死攀爬于悬崖峭壁，闯过雪崩、塌方、泥石流等一道道险关，年复一年。在马帮驼铃声中，墨脱镇也悄然发生着改变：沼泽的水排掉了，学校建起来了，商店越来越多了，道路也在逐渐延展……

2013年10月31日，西藏自治区向全世界宣布：从波密县扎木镇到墨脱县县城的扎墨公路正式通车。这条路，全长117.278公里。至此，我国再无不通公路的县。墨脱县城驻地墨脱镇，随着这条人间“天路”的开通，踏上现代化建设的新征程。

通公路让光明一家人高兴了好多天。看着墨脱镇上汽车扬起的风尘，他和父亲又陷入了沉思：路通了，往后马匹肯定越来越用不上了。家里最终决定，将5匹马全部卖掉，再从农行贷款，购买一辆小型卡车。摇身一变，光明成了一名奔波于扎墨公路上的货运司机。

卖掉马匹跑运输，也一时间成为墨脱镇众多马帮家庭的共同选择。琳琅满目的商品、生活必需的物资、建筑所需的钢筋水泥、现代时尚的家电，搭乘光明和同村年轻人的卡车，从大山外来到墨脱，走进县城的工地和千家万户的生活。

紧接着，墨脱镇那一栋栋用茅草盖顶、木板作墙的门巴吊脚楼，开始被一座座规划整齐有序、民族特色浓郁的边境小康村新居取代。走进光明的新家，一栋二层的现代化小楼宽敞舒适。这座200多平方米的特色民居里，客厅、厨卫、卧室、卡车库布局合理，电视机、电冰箱等家电一应俱全。

如今，墨脱镇总体面积扩大到9.2万平方米，有常住居民535余户2400多人。镇里道路宽

2017年9月3日，鸟瞰墨脱县城。（新华社记者张汝锋摄）

敞，路上车辆穿梭，已规划建成的一、二、三环路通畅无阻，形成四通八达的城市道路网，通达里程8.17公里。与县城道路相连，入户硬化道路也铺进了家家户户。政府办公大楼、幼儿园教学楼、现代化酒店、莲花阁旅游景点等建筑群林立。100余家餐馆、超市、网吧、服装店、茶楼、酒店开门迎客。即便是在夜晚，街道上也人声鼎沸，热闹非凡。

光明还记得，通路前墨脱物价之高令人咋舌：一瓶啤酒20元、一斤白酒30元、1只鸡150元、一斤苹果25元，一盘土豆肉丝50元……如今，这里的物价已同外界差别无几，农贸市场上鸡、鸭、鱼、肉、蛋、蔬菜和瓜果品种齐全。墨脱石锅、门巴竹编、峡谷蜜柚等已成为享誉区内外的墨脱特产。

深山沟壑间马帮的铃声，已逐渐为公路上的汽笛声所湮没。马帮已淡出历史舞台，墨脱人走出了“高原孤岛”。

卸下背夫和马帮身份的光明，又在谋划着新的职业。除了货运司机，他现在又成为村民边防巡逻队、生态环保队中的一员。定期进山巡逻，成为他跑运输之外的主要工作。他和妻子爱军二人“你种地，我巡山；你采茶，我护林”。

和他们一样，镇上居民参与巡边护林，领取定额的政策性补贴，加上跑运输和发展特色产业，每年人均有1万多元的纯收入。人们变身为美丽家园的建设者，成长为神圣国土的守护者。

晨雾沿着雅鲁藏布江弯弯曲曲的河道逐渐升腾，漫过娑罗树、芭蕉叶和门巴人家红绿相间的屋顶，为墨脱镇遮上面纱。朝阳下，“莲花秘境”宛如海市蜃楼。光明看得出神了，他仿佛看到马帮正远去的背影，听到依稀的叮当马铃声。

（陈尚才、吕诺/文）

6.4 从“墙上”驶出的火车

2016年底，甘肃省陇南市宕昌县哈达铺车站，杨尕女和女儿李有霞回到阔别多年的家乡，望着新建成的火车站，感慨万千！这一刻，她心里从“墙上”到“路上”的梦想，今天终于触手可及了……随着首发的K2618次“陇南号”列车鸣声驶过，兰渝铁路（岷广段）正式通车，“渝新欧”国际通道的重要部分就此建成。

时光退回到1996年的冬天，新华社甘肃分社记者武斌从兰州出发，在国道212线上坐了整整一天大巴，终于到了甘肃南部小城宕昌。当年这个不通火车的县城，曾是中国最贫困的地方之一。山大沟深、可耕地少，当地人常要背着背篓四处拾土造田。有的田地面积极小，只有一头牛的容身之地，而被人戏称为“卧牛田”。

上图：1996年，陇南市宕昌县阿坞乡农民杨尕女抱着女儿在家中合影，身后的墙上有她们画的一列火车，当时从未坐过火车的杨尕女梦想有一天能坐着火车走出大山。（新华社记者 武斌 摄）

下图：2016年12月24日，杨尕女（右）和女儿在陇南市宕昌县新建成投用的哈达铺火车站前合影。（新华社记者 陈斌 摄）

上图：1996年，陇南市宕昌县车拉乡农民徒步走出大山。（新华社记者武斌摄）

下图：1996年，陇南市宕昌县车拉乡农民在全乡唯一的对外通道——仅能容纳一辆汽车通过的土路旁劳作。（新华社记者武斌摄）

2016年12月25日，即将开通的兰渝铁路陇南境内白龙江3号特大桥（右）与高速公路从山脚下蜿蜒伸出。（新华社记者陈斌摄）

那一天，在宕昌采访的武斌偶然敲开了农户杨尕女家的房门，进了门，微弱的灯光下，一列火车清晰地画在面前的墙壁上，“太意外了。一个这么封闭地方的农民家，墙上竟然画着一列火车。”武斌感叹道。

深谈后得知，那时的杨尕女家里只有几亩薄田，根本喂不饱一家四口人。20多岁的她常常要抱着女儿去周边县城乞讨，能讨到一点白面馍馍，就能高兴一天。“这里交通太闭塞了，什么时候我们能坐上火车去富足的地方，让日子过得好些，钱赚得多些就好了。”杨尕女的话，让武斌深受触动，被大山“锁住”的火车梦更是令他动容。他按下快门，记录下昏暗土房中杨尕女一家的火车梦想：土坯房里，煤油灯微微发亮，一名妇女怀抱婴孩，坐在泥巴糊起的土炕上眺望远方。身后墙壁上，一列长长的火车穿行而

过。其实这也是一家人对生活的希望和走出大山的梦想。

20年后，照片中的人与拍摄者终于重逢。2016年12月，杨尕女盼望了20年的火车终于通到了家乡。已迁居外地的她特地带着女儿赶回来见证这一时刻。武斌也拿起相机，重走来时路，惊叹着山乡巨变。

照片中还在母亲怀中的婴孩，如今已是20岁的大姑娘。看着老照片，杨尕女的女儿李有霞感叹连连。“从前家里穷，没有照片，我根本不知道自己小时候长啥样。原来我那时候眼睛又大又圆。”

对于和杨尕女一样的甘肃陇南山区群众而言，出行是长期以来最大的难题。

陇南地处甘肃省东南部，东邻陕西，南接四川，素有“秦陇锁钥、巴蜀咽喉”之称。境内高

2016年2月25日，即将开通的兰渝铁路陇南境内汉王特大桥（右）与高速公路、国道立体交叉。（新华社记者陈斌摄）

峻山岭与深陷河谷错落相接，层层叠叠的山岭犹如屏障，将这里与外界隔绝开来。直线距离只有数十公里的两地，往往要绕着大山低速缓行数个小时。青泥岭、阴平道、祁山道这些镌刻在“蜀道”上的地理概念，既赋予陇南大地厚重的文化积淀，也更诉说着陇南山区群众行路难的艰辛历史。

过去相当长的一段时间，陇南境内无高速、无铁路、无飞机场，国省道主干线公路等级低，通行能力差，通达率低，是全国、全省交通条件最落后的地区之一。交通发展滞后成为制约陇南经济社会发展的瓶颈，也成为甘肃通往中南、西南的交通“卡脖子”地段。

陇南兀立的危峰，锁住了山里人，也锁住了大山给人类最美好的馈赠。守着丰裕的物产，却难逃“富饶的贫困”，这是世代陇南人难解的愁肠。

改革开放40年来，陇南人为改变贫困落后面貌，改善交通条件付出了巨大努力。兰渝铁路、武罐高速、成武高速、十天高速陇南段、陇南成县机场等重大项目的建成投用，吹响了陇南有史以来最大规模的交通建设冲锋号。

如今，陇南行路难正在成为历史。40年来，高速公路、铁路、机场、乡村公路等多元化的交通形式正在由一个个期盼变成蓝图，由蓝图变成现实。昔日的交通“死角”正在翻身变成区域的交通“枢纽”。

未来，我们相信，群山环绕的陇南大山里，那些和杨尕女一样正奋力前行在脱贫路上的人们，伴随着日渐发达的交通网络，他们走出家乡、走向富裕，变得可待可期。

（陈斌/文）

6.5“空心村”的新生活

位于广西大山深处的融安县东起乡崖脚村铜板屯，是当地有名的“空心村”，五年之前是只有6位老人留守、濒临消失的贫困村。

近五年来，铜板屯村民龙革雄和堂兄弟龙飞联、龙飞振，倾尽在外20年务工的所有，带领村邻“实施故乡振兴计划”，把这个屯变成了当地闻名的“游摘季”示范村。

1986年，因家境贫寒，龙革雄初中没有毕业就辍学回家种李树。山区缺水，土地贫瘠，龙革雄家种植的20多亩李树，一年收成也不高，且收获的李子，他要肩挑背扛几十里山路去卖，也换不回几斤米。

20世纪90年代前后，广大农村掀起外出务工潮流。每年春节，打工回来的人们，口袋里也有千把块钱，过节也有雄赳赳气昂昂的感觉。受此影响，从1992年起，24岁的龙革雄结束6年“望天吃饭”的生活，希望到城里务工，改变贫穷命运。然而，多年过去了，希望在城市大干一场的龙革雄，并没有过上富裕的生活。而故乡也在人去村空中渐渐没落，留守老人年事渐高，无力再打理漫山的李树，任花开花谢，果熟果落。

2011年7月的一个夜晚，他父亲龙桂全不慎从1米多的楼梯上摔下，头破血流。留守的几个老人曾尝试将龙桂全送到山外医治，但因气力不及，最终无奈放弃。老父亲仅用草药敷伤口。等到第二天龙革雄赶到家时，才将老父亲送到医院，伤口缝了70多针。

故乡衰败至此，老人无依无靠，在外漂泊闯荡举步维艰，龙革雄和他的小伙伴们心情格外复杂，或许再过10年，故乡就会像无人打理的李树，在他们这一代自然消亡。

“如果故乡没了，根就断了，何以安身立命？”2012年春节，龙革雄的这些话深深地刺痛着回乡人的心。

春节后，龙革雄没有像往年一样背上行李外出务工，而是决定实施“拯救故乡计划”。他和堂兄弟们用打工攒下的58万元作为注册资金，成立了“铜板高山果品农民专业合作社”，规模种植李子树及山野葡萄，发展特色观光旅游。

创业之初的艰难加上平日里艰辛的劳作让龙革雄越发消瘦，几个月下来，体重从125斤降到90斤。看着暴瘦30多斤的丈夫，妻子罗伟枝心疼得直掉眼泪：“瘦得皮包骨，风一吹就倒，真想劝他别干了。”

2017年3月4日，游客和汽车在铜板屯进村的水泥路上。

回乡创业这些年，他几乎倾尽所有，投入到合作社的建设中。而这几年，新种的果树未结果，再加上冰雹、洪水等灾害，农作物基本没有收成，龙革雄靠着合作社微薄的工资，艰难维持一家六口人的日常开销。他也因此被精准识别为贫困户。龙革雄说，这五年，大伙都是熬过来的，“无论如何，我们几个人不忘初心，从未有过放弃的念头。”

2015年夏天，铜板屯遭受一场山洪，如果龙革雄和兄弟们那个夜晚不在家，留守的几个老人将遭遇灭顶之灾，后果不堪设想。虽然种植的果树受到很大损失，但保住了乡邻，想到这些，一切都值得了。

在艰难的发展中，合作社得到了乡亲们的支

2014年2月22日，村民将陷入泥潭的旅游中巴车推出。

2015年7月22日拍摄的铜板屯。

2017年3月2日，铜板屯的农家食堂、游客接待中心、观景台已经建成。

持，许多村民自发和龙革雄等人一起上山开路、开荒种树，一些常年漂泊在外打工的村民也陆续回来帮忙。26岁的大学生龙箫宇辞掉城市的工作回到铜板屯，和父辈们一起开荒植苗、开山修路，开始艰苦的创业旅程。龙箫宇和村里的农家子弟们组建了"铜板农业生态园创业团队"，他计划用"互联网+铜板农业生态园"模式，通过网络平台销售自家种植的农产品。

与此同时，融安县有关部门也给予大力扶持。借助"清洁乡村"和"生态乡村"建设的契机，铜板屯先后得到政府部门扶持资金近300万元，合作社社员又自筹148万元资金。

2015年3月，铜板屯的李树盛开，繁花胜雪，这是游客梦寐以求的美景，纷至沓来的私家车、大巴车把村路堵得水泄不通。龙革雄意识到办农家乐的时候到了，但要想富先修路。随后他一边与邻里一起集资搞起餐饮，一边带领村邻投工投劳协助政府硬化进村道路。

2017年3月3日，龙飞联家挂出自己农家乐的宣传海报。

2017年3月3日，游客在李树下拍照。

一分耕耘一分收获，2016年春天的“游摘季”，铜板屯几十万元的收入，对外出务工的年轻人诱惑很大，掀起了一股返乡创业潮。

现在走进铜板屯，莫老爷菜馆、龙氏特色菜、早餐粉店已随处可见。村里51岁的“哑巴”莫仕和，以土地入股现在合作社做工，每天除了收获70元工钱外，旅游旺季还专卖些红薯、芋头、葡萄酒等土特产，一年的收入足以让他摘掉贫困户的帽子。

时下，龙革雄正在规模养殖政府扶持的大坡飞鸡。他还用5万元的扶贫贷款，将自己的家改造成民宿宾馆。现在，铜板屯透着沧桑的土墙，古老的木门，红红的对联和灯笼，还有门前的老李树，现已成为无数游客心中铜板的经典。

五年拯救故乡计划现已见到成效，这个百年老村正从空心孤寂到活态发展，每年都吸引着成千上万游客前来寻觅乡愁。

（黄孝邦/文）

二连浩特 1950

二连浩特 1970

6.6 “一带一路”上复苏的边城

看着眼前的中欧班列，驶向一马平川的蒙古国边城扎门乌德，已是耄耋的杨启成缓缓转过身，一步一步走出这座他和工友们奋斗了一辈子的车站。当年，这座“火车拉来的城市”只有零星的几间平房，孤零零地守在这片荒漠上，房屋的间隙便是小城为数不多的街道。他还记得最初，在站前的小街上，背着女儿、牵着儿子回家的样子。就在这条街上，他看着小城随着祖国的强盛发展壮大，黄土街变成了水泥路，边境小镇变成边境游的起点，货运列车变成了中欧班列，荒莽之地重新焕发了生机。万里茶道上沉寂多年的驿站，因为“一带一路”的兴起又重新复苏。

风沙围城、缺水少食的岁月

谈起二连浩特，老人总情不自禁地红了眼。

二连浩特 1977

如今的口岸发展迅速，运行中的中欧班列已增至22条。但1953年，杨启成最初抵达时，这里还是一片荒芜。

“我当时参加集二铁路建设，建到二连浩特后就扎根了。那时火车站就是几间平房，站前有条小路。一刮风，远处的沙尘暴就像一堵黄墙压过来，几米远的距离都看不到街对面。”杨启成回忆说，“二连浩特过去是万里茶道的重要驿站，可周边没有水源，水只能从60多公里外的齐哈日格图用水罐车运过来。每次打水回来，都要先在盆里放半天，让里面的沙石、泥土都沉淀了，才能拿来烧水、洗脸、做饭。”

没有水更种不了粮食和蔬菜，他们便定时去外地采购。“二连浩特站有个买菜小队，每个月都会到外地买新鲜的蔬菜用火车拉回来。到了秋天，就去河北成吨成吨地买大白菜回来。”杨启成说。

这支买菜小队，一直忙碌到20世纪90年代末。“那个时候孩子们最稀罕的，是有时他们会从集宁带豆腐回来。对这个没有水的地方，豆腐是非常难见的，”老人说，“要是偶尔有出口的苹果质量不符的，就会被留下，我们就能买走。孩子们吃到苹果，简直就跟过年一样开心！”

即便不舍得儿女吃苦，杨启成也还是带着家人在二连浩特扎下了根。扳道工、运转工、车站人事，30年的工作他换了许多岗位，也因为过度劳累患上心脏病，却始终没有离开这里。

“能守着祖国的北大门，看着二连浩特突飞猛进的发展，吃点沙子算啥。我工作的时候还是小火车，一天一趟，到1956年开通了中蒙铁路联运，车才多了，”杨启成笑着说道，“我虽然退休了，可我的孩子们还守着这呢！”

二连浩特 2018

酣睡小城曾经的热闹

杨洁是老人的女儿，在车站客运车间工作。她说值夜班时最开心的就是抬头数星星。过去，二连浩特的夜晚少有霓虹，星空璀璨得像在天鹅绒上撒了一把钻石。30年间，霓虹灯光闪闪烁烁，虽然天空一样澄净，这期间的变化却令人感慨。

“1986年我爸退休，我参加工作。当时是二连站的客运员。那个时候的二连浩特也热闹过。过去到乌兰巴托的站间列车很火，到处是背着大包小包的出国务工人员，”杨洁说，“从3月份到10月份，每天发12节车，都是排着长队买票的人。”

大量务工人员去蒙古国参与基础设施建设，来来往往的也就带动了贸易。门口的小街，多起了旅店和小卖部。而和长长的购票队伍映衬的，就是各种小摊的叫卖声。常常是孩子们和父母要了钱，叽叽喳喳一群，跑去买几个蒙古国的糖。“后来蒙古国经济不景气，基建工程也少了，慢慢地务工人员也少了，”杨洁说，“这条小街上又变得没什么人，夜里这座城市就像睡着了，只剩下天上的星星一闪一闪的。”

十八大以后，小城推动边境旅游发展，把游客直接从北京、呼和浩特拉到小城来。从小城特有的边境游，到挖掘恐龙化石的恐龙故里，再到坐着火车出国门的“口岸号”旅游专列，二连浩特不断地寻找新的发展动力。不再依靠蒙古国的经济发展，而是充分利用边境小城的旅游优势，发掘国内边境游的内生动力。小城的霓虹灯光，又再度闪烁起来。

中欧班列带来的复苏之路

和小妹杨洁不同，哥哥杨雨一直忙碌在二连浩特的货运一线。在他眼中，这座“驿站”是伴随着中欧班列而再度兴起的。

“20世纪80年代，因为中蒙两国贸易量小、货运量小，一年只有不到200万吨，列车常常拉货出国门，空车跑回来。每天就好像有劲没处使一样，”杨雨说，“近年来边地贸易红火了，货运量也开始节节攀升。建材、日用品、电子产品也通过二连浩特口岸远销国外。俄蒙的木材、铁

矿石也源源不断地运了进来。”

十八大之后，边地贸易和边境旅游逐步红火，货运量逐年增加。随着中欧班列的运行常态化，杨雨和同事们的工作量越来越大。整个城市又因此再度热闹起来，杨雨的工作热情也更加高涨了。

“没有火车，二连浩特就建不起来，而没有中欧班列，它也不会像现在这么红火，”杨雨说，“工作了35年，好像现在又变年轻了！现在的二连浩特，因为越来越频繁的中欧班列，也越来越热闹了。我爸他们建起来的小城，已经是这条线路上非常重要的驿站了！”

如今，守护二连浩特的接力棒已经落到了杨家第三代人手上。杨启成的孙子、孙女们，正忙碌在铁路的客运、基建、线路等各个行业上。过去在站前小广场上，听爷爷讲修铁路故事的孩子们，已经逐渐长大。而再度回到这座小城的他们，把父辈们曾扛了几十年的重担，接到了自己的肩头。

在他们的手中，在每日不断的汽笛声中，二连浩特又重新睁开了睡眼惺忪的双眼。

（达日罕/文）

第7篇 多彩文化

Chapter 7

图为江苏省吴江县锡剧团在黎里公社团结大队为贫下中农演出锡剧移植革命现代京剧《智取威虎山》。（新华社记者方爱玲摄）

2018年6月8日，村民在山东省烟台市福山区张格庄镇西水夼村文化大院休息放松。（新华社记者任鹏飞摄）

7.1 新赵寨“内外兼修”

改革开放前赵寨集体劳动的场景。

赵寨学校落成的旧照。

阳春三月，暖意浓浓。走进河南沁阳赵寨村，色彩鲜艳的新居，平整宽阔的水泥路，排排路灯整齐划一，中心广场戏台气势恢宏，喧闹的孩子们正玩耍嬉戏，坐落在赵寨小学里的群众文化站如同一道靓丽的风景线镶嵌其中，安静、优雅。

在村支书张明的带领下，走向村北焦克路，眺望村庄全景，神农脚下这方沃土形似“五条巨龙俯伏于凤”般盛景，一个“金凤凰”拔地而起，居于村北头。

“（20世纪）90年代中期，大家都说俺们村形似凤凰，大家一起在通天路与紫张路交叉口，设置了一个汉白玉凤凰雕像，位置刚好在几个玻璃钢厂的门口，也算是一种好的寓意吧。”张明说。

张明口中的玻璃钢厂，正是赵寨村叫响全国的第一张名片。

20世纪80年代中期，在赵寨村两委的支持下，村民张天文建起了全村第一个玻璃钢制品厂，不到一年，该厂利润便达到5万元。效益如此好，一夜间，赵寨村村办集体企业数量达到了16个。1990年前后，赵寨村两委与80多家全国设计院、研究所建立合作关系，创新研发百余种玻

上图：赵寨人舞狮子的旧照。
下图：赵寨中心广场舞龙的近照。

赵寨村农民艺术团的文艺表演。

璃钢制品，点燃了集体经济的发展引擎，一跃让赵寨村跻身全国乡镇亿元村100强。“全国模范村委会”“农业部乡镇企业东西合作示范区”等国家级荣誉称号，胡锦涛、曾庆红、李长春等党和国家领导人的莅临肯定，一时间，让“赵寨——中国玻璃钢之乡”名声大噪。

古人云：“腹有诗书气自华。”“华”者，光彩，繁盛也，需要的是内外兼修，一个人尚且如此，一个村庄更是如此。

1995年后，赵寨村多数农民从解决温饱，步入富裕生活。但头脑空虚、思想混乱等问题随之而来。村两委意识到积极健康的文化是把村民“拢”起来的唯一方法。

这只“金凤凰”慢慢地蜕去光环，开始潜心修炼“气自华”。文化生活丰富多彩，村民素质日益攀升，移风易俗成效显著，一大批“赵寨好人”相继涌现，让这个“工业明星村”华丽渐渐变身为“文明和谐村”。

村中素有“布衣文人”之称的教师张天苗，是这场变革的见证者、记录者。

仓廪实而知礼节，衣食足而知荣辱。“（20世纪）八九十年代，大家想着怎么吃饱，到90年代中期，大家日子都过好了，就想着这日子咋过得充实。”张天苗说，“平日里大家唱大戏、扭秧歌、敲锣鼓，多家企业成立戏迷俱乐部、农民艺术团，20多年来，唱戏在俺村里基本都没间断过。”

从1995年开始，赵寨村中心广场的戏台由多名企业家资助翻修8次。如今，台下整整齐齐拥有容纳两千余人的水泥条凳，村民们两手空空也可以坐着看戏了。化妆室、道具室、演员休息室、乐团伴奏区等一应俱全，布景、灯光、音响等设施，全部按职业剧院的标准配备。

赵寨村农民艺术团最开始只有5个人，1995

年在村中企业家和村两委的资助下，购买演出设备、道具，一举发展到现在的百余人。23年来，每逢节日，赵寨村农民艺术团舞龙、舞狮、盘鼓、秧歌、高跷等文艺汇演汇聚在广场，为本村及周边村近千名群众带来多场戏曲大餐。尤其在过年，在戏台上还可以看到歌舞、相声、小品、杂耍等演出。从1995年至今，赵寨农民艺术团累计演出500余场。

在如此底蕴深厚的戏曲文化熏陶下，20年间，赵寨村村民还自发成立了华达戏迷俱乐部、诗书画协会、沁北怀邦协会等民间文艺组织，累计会员近千人。

华达戏迷俱乐部，在赵寨及周边村名声最大。它早先由华达玻璃钢厂出资成立。2009年春节，该俱乐部举办的“华达杯戏迷舞台赛”，名振省城。省文化厅领导亲临现场，并为获奖者现场颁奖。如今的华达玻璃钢厂早已转型，但仍然保留了华达戏迷俱乐部的牌子，传承着老怀邦戏曲文化。

赵寨村诗书画协会、沁北怀邦协会也炙手可热。两协会的会员分别都超过百人，其中，赵寨村诗书画协会会员最小的只有6岁。他们平日在赵寨小学聚集，嘹亮的怀邦声伴随着翰墨香，浸润着神农脚下这方儿女。

“不能光唱戏、练字，还发掘村里的好人、好事儿，提高村民的素质才行。”村支书张明说，“俺们现在还是焦作市文明村镇，现在村里风气格外地好！”

从1990年至今，每年正月十六晚，连续28年无一例外，赵寨村都会在村中心广场举办全年工作表彰总结大会，表彰“优秀共产党员”“优秀村干部”“最美家庭”等模范村民，在全村树立起力争干事创业争上游、绿色文明促和谐的新风尚。

张玉娥家庭曾在全村总结大会上荣获“最美家庭”。在村民心中，她是最美妻子、最美儿媳，更是大家的榜样。6年如一日，张玉娥不离不弃伺候身患重病的丈夫，照顾多病的公公和智障的小叔，用自己的真情坚守，换来了家庭的完整、和睦。张玉娥的事迹先后被省、市媒体报道，她的家庭也荣获省、市“最美家庭”称号。

村民张天德曾在赵寨村年度总结大会上荣获“优秀共产党员”。2015年，张天德老伴突然病故三年，儿女张罗着要为母亲大办一场丧事。张天德得知后，训斥儿女，不仅不让铺张浪费，反而拿出办丧事的4000元，发放给村中三生产队60岁以上的老人。

“以前村里丧事喜欢大操大办，还互相攀比，每户办完花费都好几万块，有的请客能办几十桌酒席，其实是给别人增添了负担，还不如把这些钱拿出来，给村里需要的人！”年过七旬的张天德说。

“关于红事：聘请礼仪公司、设立彩虹门等，总花费不得超过3000元……”这是在村中心广场醒目位置，赵寨村红白理事会规章制度上的内容。早在2012年前后，赵寨村大力倡导移风易俗，党员干部带头简办红白事，在沁阳市掀起了一股文明新风，盲目攀比、奢侈浪费的现象大为减少。

正所谓积跬步可至千里，汇小流则成江海。从改革开放初期争当“工业明星村”到如今力创“文明和谐村”，与时俱进的赵寨人用20多年的时间，在全村上下形成了和谐文明的新风尚。赵寨文明正润物无声地稳步前行，照亮着沁阳乡村振兴的新方向。

（牛耕/文）

7.2 从小渔村到大社区

朱桃芝摊上事了。他在刚入住的楼房内砌了口鱼池搞水产养殖，不料被人投诉到社区书记胡明荣那里。

胡明荣找上门，商量拆鱼池。

“老朱，我们搬来城里住，不能在楼里客厅搞养鱼，会渗水，邻居有意见。”

朱桃芝不听。“不让我养鱼贩鱼，两个儿子也都闲着。以后怎么过？”

“是啊，出路在哪里？”自打还建进城以来，这样的问题一股脑涌向胡明荣。

江欣苑社区，原为江堤乡渔业村，是武汉最大的农民还建小区之一，于2009年撤村建居。2004年，“城中村改造”的春风吹到了武汉汉阳的城郊。渔业村，连同其他10多个村湾的土地被征收。

随后，两千多户失地农民还建到江欣苑社区。胡明荣作为武汉最大“村转社区”的“主心骨”，她该如何带领江欣苑社区党员破题？

拆迁还建，一步登天？

“拆迁拆迁，一步登天。”漂亮的新房，舒适的环境，面对城里的新家园，村民们既期待，又忐忑。

渔网、锄头、粪桶，还有家禽牲畜……进城时，穷怕了的村民们把能带的统统带上了。他们在阳台上养鸡、喂鸭，在小区绿化带养狗、栓牛。

“南墙一出即农乡，风来尘土压清香。”一时间，江欣苑小区变成了农村，有市民作诗调侃。

怎么转型？胡明荣很着急。她想到了1732万元的村集体征地补偿款。这笔钱怎么用，她问乡亲。很多人只有四个字：“把钱分光”。

这笔钱成了引发矛盾的导火索。“不分钱，有得你好看！”大部分村民坚持要分光补偿款，落袋为安，甚至有刺儿头威胁要动手打人。

“我们不能干撑死一顿、饿死一顿的事情，钱得花在刀刃上，要着眼于长远发展，挖掉‘穷根’。”

压力之下，胡明荣和党员干部商量之后，不同意分钱。村里将发放村民生活费、购买村民医保、社保后的剩余款，全部用于发展集体经济，组建了武汉龙洲置业有限公司，让失地农民变成股东，给老百姓一个长远保障。

刚开始，公司没名气揽不到活儿。胡明荣不服输，请来北京一流置业公司，手把手培训。

上图： 高龙发源地之一——鲤鱼洲渔业村
下图： 过去的渔业村

2010年，龙洲置业拿下了武汉国际博览中心物业项目，解决了近千人的就业。

经过几年发展，龙洲置业越做越大，如今总资产逾20亿元，年利润约5000万元，成了社区致富路上响当当的“金靠山”。

富了口袋，再富脑袋

腰包鼓了，新的问题也来了。

拆迁后，乡里乡亲“四零八落”，搬进城里各顾各的，就像断了线的风筝没了牵引，有的精神空虚沾染“黄赌毒”。

富了口袋，万一穷了脑袋，怎么办？胡明荣意识到，拆迁不能拆组织、党员干部要做好身边的典范。

胡明荣有一套“6点半晨步法”：她带头，社区党员跟着做，每天早上6点多钟绕社区步行至少一圈，见人就问候，遇事就倾听。收集的问题，通过民提、民议、民决、民评“四民工作法”来解决。

小小江欣苑，党组织有六层：“社区党组织——网格党支部——党小组——党员——楼栋长——单元长”。

胡明荣说，作为社区党委书记，她就是一块

江欣苑初期面貌

居民学徒代表向非遗传承大师敬茶

千年非遗高龙文化闹元宵

抹布，居民哪里有不快，她就去抹哪里。

社区党员像触角一样，在社区里摸情况、找亲戚、认亲人，结帮扶对子，做到对“亲人”家里柴米油盐、生老病死、喜怒哀乐了如指掌。

江欣苑社区党委还有一项公开承诺：每年至少办理15件群众关心的实事，办理情况全程接受群众监督。

这样一来，党员群众联系多了，沟通顺了，问题也少了。通过抓党建，江欣苑党员有了坚实的组织，群众感觉“像是回到老家”。

2016年喜讯传来。江欣苑党委被中共中央授予“全国先进基层党组织”荣誉称号。

在汉阳区委组织部长陈革鸿看来，江欣苑走的是一条党建引领转型发展的成功路径：只有对群众有求必应，党组织才能一呼百应。

文化熏陶，重在长远

一次胡明荣与几位老人聊天，聊到了高龙文化。这是村里千百年来传下来的绝技，曾经非常红火。“村改居”后，由于没有了场所，高龙文化渐渐淡薄。

胡明荣认为，文化不能丢。经过多方奔走，2012年，江欣苑建成了武汉高龙城非遗传承园，还请来了汉绣、剪纸、木雕船模、楚式漆器、黄梅挑花等非遗传承人，建成全国首家非遗传承园产业基地。

江欣苑有条不成文的规矩，有文化爱好的要积极学习，有一技之长的要收徒弟，党员更要带头传帮带。

在江欣苑非遗传承园的汉绣工作室，郑秀华坐在绣绷前飞针走线。59岁的她，丢掉锄头后拿起了绣花针，收了50多个徒弟。“大家聚在一起绣上小半年，既陶冶情操，又能赚钱，大家有说有笑，心情舒畅。”

现在，村民家门口一米之内有楼道文化；十米之内有文化休闲设施；百米之内有文化阵地；千米之内有文化培训阵地。

社区党委还制定政策，鼓励村民多学文化知识。村民子女读高中、大学的学费由社区全额买单，读研究生能拿到社区发放的奖学金。

后来，朱桃芝的大儿子租了门面，生意很红火，小儿子承包了鱼塘，闲时就参加高龙表演。

朱桃芝一有空就去社区党群活动中心看老年戏曲表演。安享晚年的他，再也不用去琢磨养鱼贩鱼的事了。

（冯国栋/文）

江欣苑居民汉绣秀场扮靓社区

7.3 王家村之美

“路相通，村相连，袅袅炊烟乡村是花园。谷穗弯，粮仓满，天和地善心醉梦也甜……”吉林省扶余市王家村，孩子们在宽敞的文化广场上嬉戏玩耍，口中唱着父辈们编的歌谣。身后，是蓝瓦红墙的房子，温馨干净的院落，村路两侧松柏常青，如诗似画。

循着接连不断的掌声和笑声，我们走进村里的新时代传习所。农历正月十三，年味还未褪去。讲坛上，2018年春节前刚被中宣部评为“全国基层宣讲先进个人”的王家村村民张利侃侃而谈，主讲的内容是“修心”。台下，来自附近十里八村的400多位农民凝神细听。“现在的农村，是花园般的老家。新时代传习所，是一个乡趣和时代感交织的‘精神家园’。”村民张利说。

在王家，我们找寻到了一个村庄变迁的内涵。

多年前，当张利漫步村头时，眼里只有萧索。村里村外，篷篷簇簇乱草中延伸出几条羊肠小道通往各户人家，院里院外的空地污水横流，牲畜粪便混着垃圾、柴火散落满地，碌碌懒散的村人，破败困顿的农家。他想：村里该做出一些改变了，自己必须做些事情。

在张利的日程表上，2011年是个重要节点。

吉林省扶余市旧照。

那年，扶余市精神文明志愿者协会成立，让他找到了主心骨。协会所倡导的“舍小家顾大家”“小家美满国家和谐”理念正是他此前二十年一直在思索的问题。“农村到底应该怎么搞？如何让农民生活得像城里人一样？不仅要靠政府，还要尽农民自己的责任与使命。”作为一个有社会责任感的人，张利探索出了一条可行之路——民间蕴藏着的强大道德力量一旦被挖掘激发出来，必定成为推动城市文明的巨大力量。从农家炕头到道德讲堂，他每年义务宣讲120多场次，每场听讲人数都在300人以上……于是，王家村成为吉林省社会主义新农村建设样板村。

变化无处不在，点点滴滴王家村人都看在眼里：

过去的王家村，打架斗殴、聚众赌博等现象时有发生，邻里不睦、家庭不和更是“家常便饭”。

如今的王家村，就像一个温暖的大家庭。谁家有个大事小情，全村的人都去帮忙，村里铺砖路、安路灯、栽苗木，到敬老院里慰问老人……村民们有钱的出钱、有力的出力，做好事一呼百应。70多岁的朱文义老两口体弱多病，和40多岁的智障儿子一起生活。村里60多名年轻妇女两人一组，排班照顾这一家人的生活起居。外来户赵长顺疾病缠身，干不了重活。村民们待他如老邻居，春种秋收都来搭把手……

昔日，王家村的小伙，娶个媳妇愁死人，没人愿意往“火坑”跳。

现在，外屯的姑娘把能嫁到王家村当作自豪的事。

“浇花必须浇根。”村里的刘勤老人说。你看，那个杜占军和多年前是不是判若两人？原来喝酒耍钱，不务正业，打老婆骂孩子。在张利的耐心劝导帮助下，杜占军戒了酒、远了赌，且成了一个非常活跃的志愿者，家里的日子也是越过越红火。

“村民自己拿钱，修自家的家园，谁不想把村庄建设得像城里一样光鲜？”年年利用自家耕地为村里育花苗的志愿者王国青说，不仅要让村里美如花园，还要让每个人的心里绽放一朵文明之花。

村有贤，德必延。在王家村，像杜占军、王国青这样的志愿者，有300多人。他们每天早上天刚亮就自发地汇集到村路上清扫保洁。2009年，村民义务出工3400多人次，出车300多台次，没用国家一分钱，没用集体一块料，没花一分人工费，就把一座占地2500平方米的文化大院建了起来。他们在大院里开趣味运动会、练乒乓球、打太极拳，怡然自得其乐。

老话说“墙里开花墙外香”，王家村的文明之花却是香了“墙里”溢“墙外”。村里女子嫁到外地，遇有邻居不睦、儿女不孝现象，就在劳动之余为乡亲们讲解《弟子规》。外地嫁过来的妇女，回娘家时也都不忘讲讲王家村桩桩件件有温度的故事。在扶余，像王家这样的村越来越多，志愿者队伍由最初的千八百人，增至万余人。他们参与全市40多个村铺修砖路百公里，设计安装迎宾门80多个、路灯1400多盏，栽树24000多棵。

爱与善的举动，激活了沉睡的感动，唤醒了久违的温情。美丽乡村，不仅让诗意的栖居成为现实，也让依偎他的人拥有了田园牧歌式的温馨

吉林省扶余市王家村新貌。

与浪漫。

王家村之美，不仅美在文明，还要发展。

发展，不靠输血，不靠强制。谋变、思变和嬗变的“三把火”一经点燃，烧旺了村里的发展。过去，王家村“花钱靠贷款，生活靠救济”。如今，已经成立七年之久的农业机械化种植合作社，日益壮大。“400垧土地更加集中，大量有机肥补充替代化肥，土地深松管理，我们心里乐开了花。”社员们说，40垧成方连片，700米一条垄，大马力机械作业就是给力。

“农村有价值，农民有尊严，农业有前途。”王家村无处不在的变化总使张利激动欣喜。顺其自然，尊重老百姓的意愿，内生力量让曾经凋敝的村庄焕发旺盛生机——王家村人在自我教育自我磨练中感到幸福感。有了这种感觉，农村生活让人心生向往。

“树有根，情有源，乡愁绵绵大美在人间……”灿烂的阳光下，孩子们仍在又唱又跳，像快乐的小鸟。如果说，一个村庄能够折射无边的田野，那么，从王家，我们看到了中国农村的希望。

（郭翔/文）

7.4 马庄有“三宝”

2017年年底，习近平总书记视察徐州市贾汪区马庄村时，鼓励农民乐团为丰富村民文化生活多作贡献。这里的农民人均年收入1.85万元，仅略高于江苏农民收入平均水平，但马庄的农民乐队、总书记“捧场”的“非遗”手工香包以及坚持30多年营造的良好婆媳关系，成为帮助马庄振兴不可或缺的“三宝”。

农民乐团：一路坎坷一路歌

马庄村是贾汪区潘安湖畔的一个行政村，30年前因成立苏北第一支农民铜管乐队而名声大振。

马庄村党委书记孟国栋说，经过近30年的探索，马庄形成“文化立村、文化兴村”的发展思路，农民口袋里不仅有“红票票”，还有全新的精神风貌。马庄农民乐队，就是其重要标志。

20世纪80年代，马庄的经济总量在青山泉乡18个村中只排名13。老书记孟庆喜说，他当初倡导成立农民乐团，既有提升马庄知名度的考虑，也有丰富农民业余文化生活、提升整体素质、净化社会风气的考虑。

“当时农村几乎没有文化活动，农民闲时

左图：农民乐团成员在马庄村春节文艺汇演上进行小合唱（1988年摄，资料照片）；
右图：2018年1月16日，在马庄村文化礼堂，农民乐团的成员在排练。（季春鹏摄）

马庄村的几名煤矿女工人在粉碎煤矸石（1986年摄，资料照片）

2018年1月17日，在潘安湖国家湿地公园内的香包工作室，马庄村80岁的民间艺人王秀英老人（前中）和村民们一起制作香包。（新华社记者季春鹏摄）

就是打牌赌博，一些村民被不良风气浸染，赌博、酗酒、打架、斗殴等现象屡有发生。”孟庆喜说，成立农民乐团后，马庄农民开始“自编自演、自娱自乐、自我教育”，风气得以改观，已多年没有出现违法犯罪现象。

2001年，整个徐州开始关停小煤矿，马庄4个小煤矿全部关停，集体经济失去支撑，不少演员开始流失。孟国栋被父亲孟庆喜从江苏梆子剧团“拉”回来任乐团团长时，30多人的乐团只剩7人。

孟国栋决定向市场要出路。2002年起，乐团每年都要接100多场商业演出。对于那些年的打拼，身兼驾驶员、小号手等多种角色的现任团长孟辉记忆深刻。人不够，每人多练几样乐器，一专多能；30斤重的军鼓，从早8点背到晚上10点；演出遇上大雨，团员抢着搬设备而淋湿了铺盖卷……马庄人对乐团的坚守，透出一股不服输的精神。

2007年，农民乐团应邀参加意大利久里亚诺瓦第八届国际音乐节，获得二等奖；2014年，他们又到日本冲绳参与表演，获得了“结大奖”（一等奖）。如今在马庄，新年有春晚，元宵有灯会，三月初八有庙会，夏季有纳凉晚会……农民乐团的存在，让本村农民有了更多归属感、自豪感、认同感。

乐团副团长李红侠认为，农民不应该只会面朝黄土背朝天，他们也要有充实的文化生活，要有不一样的精神状态。

日益走红的“非遗”手工香包

习近平总书记在视察马庄时，80岁的村民王

马庄村第三煤矿工人在工作（1989年摄，资料照片）

2018年3月13日，当年的矿区正建设成漂亮的住宅区。（新华社记者李响摄）

马庄村第三煤矿建成投产庆祝现场（1988年10月摄，资料照片）

开心地说，她在潘安湖景区还有了自己的香包制作室。

与马庄村一路之隔的潘安湖，以前是采煤塌陷区，经过多年治理修复，现在是一个年接待游客超600万人次的国家级湿地公园。作为马庄村的一项特色旅游产品，中药香包已成为当地“明星”品牌。

目前，马庄村成立了艺香香包有限公司对香包制作进行统一管理，占地1000多平方米的香包大院，也将投入运营。“相信马庄的香包产业会越来越旺。”孟国栋自信地说。

秀英告诉总书记，自己的中药香包很好卖，每年净收入20多万元。习近平夸她手艺好，并自己花钱买下一个，笑着说“我也要捧捧场”。

该消息被报道后，总书记“捧场”的手工香包越发紧俏起来，马庄村原有的制作能力已远远赶不上市场的需求。

王秀英说，香包以前只是村民之间互赠的礼物，或者给孩子辟邪用的。五六年前，她开始在潘安湖湿地公园推小车卖香包，受到游客青睐。她在继承传统的基础上，不断创新，制作出的《公子香帽》《鸳鸯戏水》等香包屡获好评，王秀英香包作品也被确定为国家级非物质文化遗产项目“徐州香包”的代表作品。

在她的带领下，马庄村及周边村民纷纷开始从事香包制作。“很多在外打工的青年妇女都回来跟我一起缝制香包，她们每月能挣3000多元。200多口人，一年产值就是600多万元。”王秀英

婆媳好，家和万事兴

家家有本难念的经，最难念的经，恐怕是被视为世界性难题的婆媳关系了。

“俗话说，‘老要随和少要乖’。家庭和睦不仅要教育子女，同样要引导老人。20多年前，我们开始评选十佳媳妇、十佳婆婆。”孟庆喜说，“好媳妇”的标准，主要包括是否孝顺公婆、是否分家、逢年过节有没有给公婆买礼物等；“好婆婆”的标准，主要考量她与儿媳妇的关系，是否关心儿媳，能否帮儿媳带孩子做家务等。

“每次回娘家，我妈都自豪地对外人夸我是马庄的‘十佳媳妇’。”连续10年当选“十佳媳

妇”的马庄4组村民夏莉说，村民都很认可这一荣誉，亲戚朋友也非常认可她。

夏莉的“十佳媳妇”可谓实至名归。丈夫有1个姐姐4个哥哥，夏莉1993年嫁到马庄后，就一直与公婆一起住，哥嫂因为工作忙，让各家孩子放学都到夏莉家吃饭。“最大的11岁，一共8个孩子，我家都快成托儿所了。”夏莉笑着说，“家庭生活嘛，就那么回事。尽管我偶尔也有想法，但还是把孩子们照顾得很好，不让公公婆婆为难。”

2014年7月，公公患重病，夏莉辞掉在农民乐团的工作，回家专门照顾公婆生活。2016年1月，公公去世后，夏莉才找了一份相对自由的保险工作。“大儿子24岁，小儿子8岁，婆婆也82岁了，丈夫又长期在外跑运输，我得有更多时间照顾家庭。”44岁的夏莉说。

马庄村5个村民小组，2700多人。自评选以来，已有550多人次获得“十佳媳妇”或“十佳婆婆”的称号。获奖村民均非常珍惜这些荣誉，她们把历年的奖牌钉在大门口，或放在客厅的显眼处。

和谐婆媳关系，也是马庄文明的一个重要标志。它和马庄农民乐团、令人羡慕的“非遗”手工香包，都不是简单能用钱买来的，但真的很美好。

（朱旭东/文）

2018年3月13日，美丽的潘安湖国家湿地公园一角。（季春鹏摄）

第8篇 扶贫壮歌

Chapter 8

，广西大化瑶族自治县板升乡弄勇村弄顶屯的孩子们扛着生活用具去学校。

乌英苗寨位于黔桂交界的大苗山深处，其行政区域属贵州、广西两省区，共140户600多人，其中100户属广西融水苗族自治县杆洞乡党鸠村，40户属贵州省从江县翠里乡南岑村。长期以来，由于地处偏远，山多地少，乌英苗寨经济发展缓慢，目前的扶贫任务仍然很艰巨，整个苗寨还有76户是贫困户。

近年来，随着扶贫攻坚工作的不断推进，水、电、路等基础设施的不断完善使得乌英屯与外界得到了紧密联系，深藏大山深处的苗寨逐步揭开了神秘的面纱。2017年5月，住建部将乌英屯列入中央财政支持范围的中国传统村落名单，并在此后将陆续投入1000万元资金，对这个传统苗寨开展传统建筑风貌改造和公共基础设施改善。当年年底至今，得益于融水实施的农村改厕、改厨、改圈工程，乌英苗寨群众居住的吊脚木楼得到改造，群众的居住环境得到了很大改善。与此同时，当地党委政府正在组织调动全社会各方面的力量，共同参与乌英苗寨的脱贫

拼版照片：苗山脱贫影像志——勤劳脱贫的双手。右图为十几位村民的手（2018年1月11日摄）；左上图为挑砖的村民（2018年1月11日摄）；左中图为无人机拍摄的苗寨全景（2018年1月11日摄）；左下图为村民起新楼，整个寨子每户至少有一个人前来帮忙（2017年11月16日摄）。在乌英苗寨，一直有“一家办事百家帮”的传统，无论是哪家办酒宴、起新楼，家家户户都会过来帮忙，两省区群众互敬互助，亲如一家。

攻坚工作。

2017年底，在扶贫干部的积极推动下，乌英苗寨成立了由20多户贫困户组成的党英水果种植专业合作社，迈出了因地制宜发展特色产业的重要一步。几个月来，企业负责人和农业专家，进村驻点，手把手传授水果种植管理技术，指导村民如何管理企业，对接市场。如今，村民们在200多亩产业基地里种下百香果、蟠桃、春橙和夏枣等果苗，预计到8、9月份，部分果树将陆续进入挂果期，昔日的荒山将变成一片片果园。

春天里的乌英苗寨，群众不等不靠，少年们学习求知，青年人外出打拼，中老年人留守发展产业，大家团结一心，用一双双勤劳的手，拔穷根摘穷帽，一起创造美好的明天。

（新华社记者黄孝邦摄）

1989年10月30日，是希望工程建立纪念日。这张解海龙于1991年4月在安徽省金寨县桃岭乡三合中心学校拍摄的小学生苏明娟在认真听课的照片，成为“希望工程”形象标志。（新华社发）

2015年9月19日，“快乐足球”项目受助学校的小足球队员代表在活动中表演足球操。当日，一场以养生行走、足球互动、公益募捐为内容的大型公益健身活动在南京玄武湖公园举行，吸引了众多市民和爱心人士参与，活动募集的善款将全部用于“希望工程·无限极快乐足球”公益项目。

8.1 十八洞村：精准扶贫“首倡地”

80岁的施成富如今最大的爱好就是倒垃圾。

下午3点，送走农家乐最后一桌游客，施成富从电视机前起身拿起扁担，他看了一眼堂屋的老伴还在和游客合影，厨房里，小儿媳妇和请来的工人在收拾碗筷。他乐呵呵地从门口的大垃圾桶里分装出两小桶垃圾挑在身上走出了家门。

施成富祖辈居住在湖南湘西土家族苗族自治州花垣县十八洞村，这是一个地处深山的纯苗族村寨。过去，这里山高路远，人均耕地面积少，到2013年人均纯收入仅1668元，225户中有136户贫困户，40岁以上的光棍就有三十多人。

自打施成富记事起，当地就流行一句顺口溜“三沟两岔三旮旯，红薯玉米苞谷粑，要想吃餐大米饭，除非生病有娃娃”。

为了生存，年轻时，施成富就和村里的同龄人到村后山上挖岩灰，挑到镇上卖给别人当肥料，一担岩灰换一升米。那时，每天早上天刚亮他们就得挑着岩灰，沿悬崖走狭窄的山路出去卖，换了米转身就得往家里赶，通常晚上七、八点才能到家，扒两口饭又要立刻摸黑到山洞里挖岩灰。

后来中国迎来改革开放，社会发生了翻天覆地的变化。国民经济实力、综合国力、人民生活水平都在不断上升。在这一契机下，矿产大县花垣也因为对矿业的大量开采和利用拉动了整个县域经济的增长。

但这些变化似乎都与不在矿区，位置又偏远落后的十八洞村无缘。

唯一的变化就是，村里的年轻人从电影、电视上看到了外面的世界，他们向往充满现代化气息的高楼大厦、马路汽车……他们在这穷山沟里再也呆不下去了，纷纷提起行囊走出大山。尽管由于文化知识水平不高和语言障碍等问题，外出打工的年轻人大多只能干些粗重活，赚取微薄的工资，维持基本生活，可他们依旧不愿意回到家乡。

1994年，施成富最小的儿子施全友也离家外出打工。彼时已年过半百的施成富再度成为家中唯一的劳动力。施成富知道孩子们在外打工赚得不多，也不想给孩子添麻烦，他和老伴基本依靠家中的三亩田土，种些玉米水稻，自给自足。

日子一天天过去了，十八洞村依旧和从前一

2015年2月13日，十八洞村一位老年妇女在绣苗绣。为发展工艺旅游产业，当地成立了十八洞村苗绣合作社，组织留守妇女绣苗绣。（新华社记者李丹摄）

2017年9月21日，在湖南湘西土家族苗族自治州花垣县双龙镇十八洞村，一名男青年练习苗鼓。（新华社记者王天聪摄）

样，美丽而贫穷。

施成富记得，在2013年以前，村里也来过好几波扶贫工作组，在田间地头里流淌着每一个工作组成员们的汗水，他们的事迹也成为村里老百姓创作山歌的题材。但从前那种侧重于“输血式”的帮扶却没有让十八洞村彻底摆脱贫困。

直到2013年11月，习近平总书记来到了这个偏僻的小山村，在施成富家前坪，他同村干部和村民代表围坐在一起，亲切地拉家常、话发展，并在此首次提出“精准扶贫”的新时期扶贫基本方略。

自此，在全国掀起了新一轮脱贫攻坚战的热潮。

这一次，十八洞村没有落下。作为精准扶贫的“首倡地”，十八洞村牢记总书记的殷切嘱托，在“精准”上下足功夫。依托独特的自然环境，因人施策发展起乡村旅游、特色种植、养殖、苗绣和劳务输出五大支柱产业。又探索出精准识别扶贫对象、精准发展支柱产业、精准改善民居环境和精准提供民生保障“四大精准”，经验辐射全国各地。还确定了以乡村游为长期产业、猕猴桃为中期产业和稻花鱼等其他种植养殖为短期产业的发展模式。

为解决当地土地稀少的问题，扶贫工作队

在村外流转了1000亩土地，建成高标准猕猴桃基地，引进本土龙头企业苗汉子合作社与全体村民以股份制合作组建十八洞果业有限公司。

2017年9月28日，基地出产的4.1吨猕猴桃首次出口港澳地区。“今年盛果期后，年销售可达2000万元以上，村民人均年增收可达5000元以上。”十八洞村苗汉子果业有限责任公司总经理罗会详说。

为充分利用每一寸资源，十八洞村又与步步高集团签订合作协议开发十八洞山泉水。2017年10月，“十八洞村山泉水厂”正式建成投产，劳动用工优先考虑本村的贫困户和村民。目前，已为十八洞村解决劳动就业30人。

就在2018年3月22日，十八洞山泉水正式上市发售。未来，山泉水销售所获收益的15%将由十八洞村集体享有，此外，每销售一瓶山泉水还将有一分钱进入花垣县扶贫基金。

老百姓收入高了，村内的基础设施也发生了翻天覆地的变化。盘山小路变成了沥青马路，村内家家门口修了石板路，户户通了自来水。游步道有了、ATM机有了，还与文化公司合作建立了农家书屋和诗社。看到村内的变化，在外打工的年轻人又都选择返乡。

得益于精准扶贫“首倡地”这块金字招牌，越来越多的媒体和游客慕名而来，十八洞村的名字传遍了中国，传到了国外。施成富的老伴也因此成为村里的“网红”。“以前我们这里根本没有外人进来，现在还有洋游客带着相机来拍照。”施成富笑着说。

2017年底，以苗家特色为主要资源的生态游吸引了26万游客，实现旅游收入200余万，村内7家农家乐，家家生意火爆。

随着村内环境的改善和收入的增加，如今已有19位“光棍”宣布“脱单”。

44岁的施全友便是其中之一。2014年，在外打工的施全友看到自己家还有父母都上了电视，也知道扶贫工作队到村后给村里带来了很多项目，他当即决定辞工回家，并给一直保持联系的“网恋”女友小孔发了信息。“我让她跟我一起回村里搞农家乐。她当厨师，我搞后勤。”

那一年，小孔跟施全友回了家，就没有再离开。他们在父亲施成富家开设了村里第一家农家乐。15年元旦，他们俩在村里举行了婚礼。

如今，施全友的农家乐日均客流量最多时可达30多桌，年均毛收入达三、四十万，人多时，得请四个工人帮忙。

日子一天比一天好，游客一天比一天多，大儿子也回乡开设了农家乐，施成富却不肯闲下来，孩子们孝顺不让他干活，他只好主动负责起为自家农家乐倒垃圾的“职责”。

“干了一辈子活，闲不下来，垃圾池就在村口，不远，来回走就当锻炼身体了！”施成富笑着说，刚开始垃圾不多，自从游客多了后，家里的垃圾桶从1个小的逐渐变为3个大的，每天都要分小桶转运5次以上。“这跟以前挑岩灰不一样，就算累但是累的非常开心，有盼头！”

“去年底，村内人均纯收入已增加到10180元。”十八洞村驻村扶贫工作队长石登高说，2018年我们工作队打算继续围绕“资源变资产、资金变股金、品质变品牌、村民变市民”四方面做工作，特别是在村民变市民方面，要让老百姓素质得到进一步的提高。

（张玉洁/文）

2017年4月19日拍摄的十八洞村梨子寨村口树立的“精准扶贫”石碑。

2017年9月21日拍摄的湖南湘西土家族苗族自治州花垣县双龙镇十八洞村。（新华社记者王天聪摄）

8.2 “愚人村”壮歌

在这里，贫困的生活曾让人看不到希望，山村曾有上千人居住，有点能力的，大多选择离开，只剩下500多人……穷，对这里农民而言，像是宿命，难以逃脱。

过去的仓房村，“与世隔绝”是它的代名词。

汉江支流仁河将茶坪山切出一道600多米深的“口子”，当地人搭窝棚、住岩洞，散居在深山峡谷之间。这里距城口县城不到7公里，却交通闭塞，连骡马都难通行。

20多年前的一天，一位记者翻山越岭登上仓房，记录下触目惊心的贫困状况：家家户户住的是“千柱冲顶、万柱落脚”埋叉房，茅草一堆、薄膜一盖就是一间屋。有的一家6口挤在四处透风的茅草棚里，只有一张黑黢黢的床。更让人揪心的是，当地人九成以上是文盲，不少人长期无人交流，竟已不大会说话，一张口就是“啊”“呀”“哦”的，就像哑巴和傻子……

过去仓房村农民居住的房屋。

“愚人村”的名字不胫而走，成为秦巴山区深度贫困的一个缩影。

“愚人村”的名字不好听。吃够了没文化的苦，仓房人慢慢悟出来：治贫先治愚，应该让孩子读好书长本事！

在仓房，王良兴名气很大。最近几年，王家3个娃，先后考上重庆师范大学和四川农业大学等高校，成为村里读书“最得行”的家庭。大伙儿都为王家人竖起大拇指。

但一个贫困家庭要供出3个大学生，要付出怎样的辛酸，只有自己清楚。

为了挣够孩子学费，王良兴曾以烧炭为业。“上山砍树、打窑、烧炭，要从9月份一直干到来年2月。”王良兴说，一过10月，山上就下雪，气温降到零下10多度。雪积了半个腰身，人还要拖着一捆捆柴，连滚带爬往前赶，满身是汗。

3天一窑炭，只能挣40多块钱，这点收入还是入不敷出。其余日子里，王良兴还要钻小煤窑挖煤、上山采中药材……只要能挣钱，什么事都肯干。一次在高堰镇上房捡瓦，王良兴摔了下来，脾脏破裂，送到医院时，已奄奄一息。

刚过44岁的王良兴，皮肤黝黑、满身带伤。“有时我想过把心一横，干脆让娃娃出去打工算了。但看着他们苦巴巴想读书的眼神，又舍不得了，只有不停给自己打气，再难也不能耽误了娃。”

只有读书才能断掉穷根。这些年，仓房农民给自己定下一条规矩：再穷也要帮穷，哪家哪户都不能有一个学生娃失学。

一次家访，让仓房二小老师陈申福记忆犹新，“灰色篾片作墙搭的窝棚，四处漏风。门前是火塘，中间用竹篱笆一隔，房后就是烂棉絮铺的木板床……”

王良平夫妇都有残疾，日子过得越来越紧，两个孩子面临退学。看着陈老师踏进家门，王良平眼眶含泪，手不停地搓着皱巴巴的衣角，“你看嘛，我这儿就是这么个情况，还恁个读得起哟。”

“让娃读书，苦上一阵子，才能好过一辈子”，乡亲们纷纷围拢过来劝，你5块、他10块地为这家人凑钱，陈申福自掏腰包凑了大头。2个学生学费、生活费每年1000多元，乡亲们一凑就是4年……

如今在仓房，老师最受尊重。庄稼人一年到头都吃不上几回肉，却把自己家的老腊肉争着送去；各家大事小情，他们总是被请来评个长短；哪里修路、怎样建房，让有见识懂文化的老师评点几段，大伙儿都服气……

但在仓房这样的边远山村要当个教书匠，也意味要受苦、奉献。“这些年，上级也曾给仓房派过几波老师，但有的来了当天，就被大山、险路吓着了，当场哭了鼻子，第二天就选择了离开。”

有人离开，也有人坚守。1984年庞先立、陈申福分别来到仓房一小、二小。一个老师一所学校，已是30多年。

仓房二小海拔1100多米，孩子们上学来回就得两三个小时。“娃娃都在长身体，营养可得跟上。”这些年来，陈申福既当老师，又当保姆，每个教学日20多斤新鲜菜肉油米一样不落，天天都用背篼背到学校。

深山老林，夏季多暴雨、冬季常结冰，山路难行。陈申福为自己准备了两双鞋，学校穿胶鞋、出门穿雨靴，一遇雨雪天气，都负责把学生送到家。“有时回家的娃儿多，背上背一个、怀里还再抱一个，先下山、蹚过河、再爬山……”多年的习惯，陈申福已练就了一双“铁脚板”，从没让回家的学生遇过险。

在贫困村社教好书，不仅要舍得付出辛劳，还得有些教学“智慧”。

从茅草房、到木架房，再到石头房……这些年来，仓房一小已搬过好多次“家”。汶川地震时，校舍又受了灾，成了D级危房。庞先立只得把学校迁进自家堂屋。

但一间40多平米的“教室”，怎么容下几个班？这又逼着庞老师“发明”了“动静结合”的教学法：一个年级上课，另一年级就做作业或课外活动，相互不干扰。从语文、数学，到体育、音乐、美术……该开的课一门也没落下。

仓房村青山环抱中的农房。

靠着家长苦干、老师苦教、学生苦读，曾经的“愚人村”正成为“育人村”。龙田乡政府提供的一组数字让人印象深刻：1997年时仓房村出的大学生为0、高中生5人、初中生19人，到了2016年，这3组数字已分别达到27、46、177。

“一河隔两山，两山入云端。”土房、窝棚散落在山间各处，居住条件恶劣，是仓房人心中的痛。

仓房人脱贫迈大步，主要还是得益于近年来

的精准扶贫。

2015年新一轮精准扶贫伊始，乡、村两级20多名干部走村串户，一家一户摸情况。调查显

示，群众最迫切的民生需求，除了教育，就是希望改善居住和交通条件。

高山易地扶贫搬迁政策随后落实到位，仓房已有20多户贫困户易地搬迁，住上了新房。但对有些人而言，说搬就搬谈何容易！

3社深度贫困户周福平的家，坐落在海拔1200多米高山上，开门见山却四下无邻。住了40多年的旧房，也因去年一场大风，掀飞了彩钢棚屋顶。周家人4口人挤在没顶的屋里，“白天晒太阳、晚上看星星”。

“山上条件恶劣，咋不搬下去？”记者问道。周福平使劲摇头，全家人生计，全靠“挂”在山上的6亩薄地，离了山就离了地，生活怎么办?

类似周福平这种情况的，在3社，还有3户。

搬不起，那就就地建房！驻村干部和群众商定，深度贫困户建房成本，由政府“兜底”解决。

钱有了着落，却又遇到新难题：4社山高坡陡，林木环绕，连路都不通。建筑材料运不上来，还建个啥房?

没有路，那就修路！4社11家人一合计，每家都义务出了一个壮劳力，带上钢钎、锄头，钻进大山。

要修的是一条3公里长的骡马路，大伙儿天不亮就上工，月亮上了树梢不放工。冷了，就扯一把野草生火取暖；饿了，吃一口随身带的熟土豆。患有尘肺病的周福平已干不得体力活，却不愿闲下来，天天守在工地，为工友们递茶送水，盼着路早日修通。

修路惠民，正在整个仓房村铺展开来，一条条马路向各处通达。去年1月，2社2公里多的通村公路也通了，碎石铺地，边坡平整，周边100多农民自此出山不愁。

（李松/文）

8.3 海雀村的乌蒙欢歌

阳春三月，群山连绵的贵州乌蒙山区郁郁葱葱。蓝天白云下，位于海拔2300米的毕节市赫章县河镇乡海雀村内，一幢幢青瓦白墙的新民居依山而建、错落有致，昔日这个被称为“苦甲天下”的地方，如今“林茂粮丰”，呈现出别样的生机与活力。30多年来，海雀村的变化得益于历届党委政府在贵州乌蒙山区接力扶贫，坚持不懈决战贫困，打造出百姓富、生态美的贵州“脱贫样板”。

生态立村，植树造林绿染荒山

走进海雀村，山高坡陡的地理环境让整个村子看起来犹如挂在半山腰上。但放眼望去，满

坡满岭绿波翻涌，房前屋后绿树环绕，像是给村子筑起了一道道绿色的天然“防护墙”，春风吹拂，阵阵松涛入耳。

跟着村支书文正友走在通村串户路上，硬化后的路面平整而干净。看着路边一棵棵挺拔的华山松，文正友感慨道：“这些年全村能迅速发展，全靠这些树的‘守护’，30多年来坚持不懈地植树造林，让这里森林覆盖率超过70%，没有水土流失，粮食增产增收，全村人均纯收入达8943元。”

作为地处乌蒙山深处的民族村寨，海雀村世代居住着苗族和彝族。海雀，在彝语中意为“湖水灌注的地方”。然而，如此充满诗情画意的民族村寨，在20世纪80年代，却是另一番凋敝的景象。

1988年，海雀村的森林覆盖率不到5%，农民人均纯收入33元，人均粮食占有量仅为107公斤。同时，由于生态脆弱，土地贫瘠，人多地少，使得海雀村陷入“越穷越生、越生越垦、越垦越荒、越荒越穷”的恶性循环怪圈。常年的水土流失，使得当地粮食产量极低。“春种一大坡，秋收一小箩。”当地人这样形容。

为了找寻发展出路，时任村党支部书记文朝荣认为必须坚定地植树造林，誓要绿染荒山。1987年冬天，他便带领着200多名青壮年开始种树。村里原来光秃秃的30多个山头，全披上了“绿装”。1995年，海雀村获得了“全国绿化千佳村”称号。

今日生态环境优美的海雀村。（李栋摄）

20世纪80年代，海雀村生态环境恶劣

如今，文朝荣已故去，但他生态立村的发展信念却一直影响村民，使得漫山遍野的树木成了农民致富奔小康的“绿色银行”。

教育助村，治贫先治愚

作为贵州极贫村之一，海雀村的贫穷不仅是在穷在生态和经济上，更穷在教育上。1985年全村只有5个“读书人”，且都没有小学毕业。为了切断贫困代际传递，加速海雀村教育扶贫成为扶贫的重要抓手。

扶贫先扶智，治贫先治愚。2005年，台盟中央将海雀村作为重点帮扶点，“整村推进”帮助脱贫。捐资、协调资金帮会组海雀小学修建教学楼、球场；组织专家培训教师；捐赠教育设施、学生用品并资助贫困学生……

如今，在人们眼里，海雀村最好的建筑就是村小学。砖墙修筑的3层教学楼掩映着青山显得格外漂亮，同时，校园里还配备着标准的篮球场、宽敞的学生食堂，每个教室都有先进的多媒体教学设备。海雀村现在学龄儿童入学率始终保持在100%。小升初后，有90%的学生到乡里就读中学，10%的学生到县城或是其他地方就读。

“2015年规划建设的新海雀寄宿制小学，占地面积28.2亩，规模为1至6年级20个教学班900人。学生宿舍可容纳600 人住宿。”海雀小学校长郭恩友表示，去年秋季开学，学生们就到崭新的学校上课。而小学旧址，将会被改造成山村幼儿园。

“2012年，村里只有3个大学生。而今，村里共有8个大学生，其中有2个已经毕业、并回到乡里任教。”文正友说，这些年教育扶贫对改善村民的文化素养，提升知识水平很有帮助，大家精神面貌发生了很大的变化，思想意识也不断进步，自主发展的积极性都很高。

产业兴村，实现强村富民

在文正友看来，产业兴村是实现强村富民的重要保障，离不开产业带动，只有大力发展产业，变“输血”为“造血”，才能让脱贫可持续。这些年，各级帮扶干部都在为海雀村发展寻找产业致富路。

在海雀村瓦厂组的山坳里，46岁的贫困户朱

左图： 20世纪80年代海雀村的孩子们
右图： 海雀小学课间活动——乌蒙欢歌（况华斌摄）

光亮正在名叫海雀生态养鸡场里忙活。他站在传输带前，手脚麻利地将鸡蛋捡装到蛋盘里，再装进箱子。

“我不识字，出门打工也挣不到钱，现在在养鸡场捡鸡蛋装箱，技术含量不高，都是手上活，一天最低都有70元。还能照顾家，有产业带动真是太好了。”朱光亮高兴地说。像朱光亮一样在养鸡场工作的有20多个村民，每个月有2000元以上的收入。

同时，村里还整合600万元扶贫资金在养鸡场入股，把股份分给村里的330户贫困户，每年每户可以领到2700元红利。

近年来，海雀村先后发展起了多种产业，包括中药材和畜牧养殖等，农民收入不断增加的同时，还提高了他们的组织化程度和经营意识。此外，村里还种植了马铃薯，亩产达到4000斤；种植优质核桃650亩；新发展红花种植500亩。

同时，在守护绿水青山的时候，海雀村也在打造“金山银山”，通过推进生态林和经济林同步种植，既释放生态效益，又实现了经济效益。“目前，村里规划种下500余亩苹果树，每亩有100多棵果树，预计每亩产值能过万元。”文正友说，海雀村海拔高，冷凉果蔬种植很有优势，往往供给与市场形成时间差。“在这些产业带动下，预计今年全村人均纯收入能过万元！”

（骆飞/文）

8.4 告别“悬崖天梯”

广西大化瑶族自治县弄勇小学，位于广西西北部的大石山区深处。这一带曾被联合国粮农组织称为除了沙漠以外最不适合人类居住的地区。

第一次去采访是2012年7月4日，我从南宁驾车4个半小时到学校。学校坐落在山间的凹地里，只有一栋一栋教学楼，没有围墙，进村的路从校园中间的泥土篮球场穿过，几间低矮潮湿的平方就是学生宿舍，每间宿舍要挤三四十人，一个床铺也是3、4个人“共享”，老师们则“寄宿”在村里的五保楼中。

那时，全村只有一条通往村部以及学校的水泥路，10多个屯都没有通路，全校250多名学生，大部分人每周一要花费一两个小时，步行翻越大山才能抵达学校。7月4日当天是期末考试，学生考完试就放假回家。记者选择跟随弄顶屯的孩子们回家。烈日炎炎，酷热难耐，一路要攀爬，拍摄，一个多小时的路程，全身衣服已经湿透，手脚不停颤抖。当时心里都有一个强烈的想法：以后再也不想爬这样的山路了。后来，我决定并记录了更多的村屯这样的上学路。几年下来，走山路、爬悬崖已习以为常。有时候，一天爬三四次山路。

随后五年中，记者以弄勇小学为基地，对周边多个村屯进行蹲点拍摄。夜宿农家已成为常态，老师宿舍、教室、办公室、汽车上、老乡家里，我都睡过。

五年来，广西投入巨资推进的教育扶贫工作和社会各界的支持开始惠泽弄勇小学。投资300多万元新建的学生宿舍、教工宿舍、食堂、水柜、洗澡房、图书室、厕所等相继投入使用。还有来自广东、北京等地的爱心人士为孩子们送来文具、床架、棉被、校服等学习生活用品。随着校园基础设施和教学设备的不断完善，往昔贫困落后的学校在大石山区扶贫攻坚工作中实现率先“脱贫”。

这两年，随着扶贫攻坚的深入推进，大化县全面实施20户以上未通道路自然屯道路建设攻坚战，用两年时间，建设470多条屯级路，实现全县20户以上自然屯全部通路的目标，越来越多的孩子正在告别“悬崖天梯”上学路。

（孝邦/文）

右图： 曾经，广西大化瑶族自治县板升乡弄勇村弄顶屯的孩子们扛着生活用具去学校。（2012年9月3日摄）

左图： 如今，水泥公路已经从学校修通到家门口。学校的条件也得到改善，配置了棉被、席子、饭盒等生活用具，孩子们不用在开学和放假时背着行囊在崎岖的山路上攀爬。（2017年1月11日摄）

2016年10月12日，弄勇小学的孩子们在学习使用小相机。几个月前，来自北京“爱心同盟”的爱心人士为弄勇小学捐赠了一批相机，帮助学校成立“摄影梦想社”。

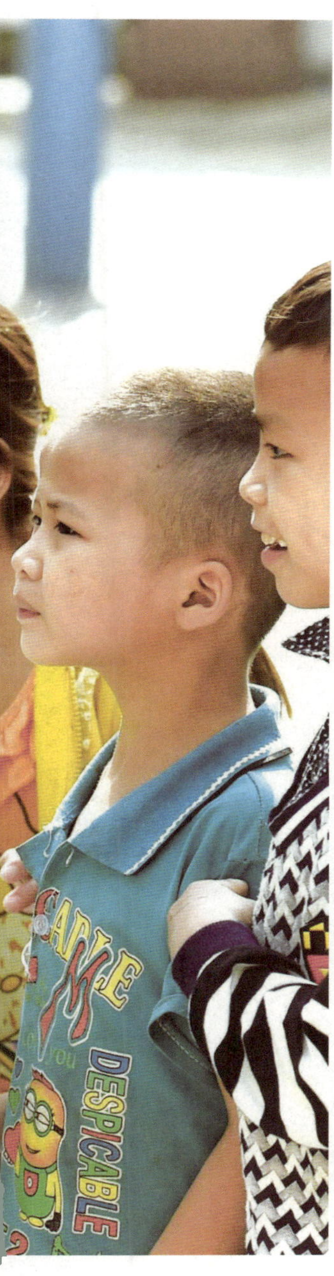

上图： 2014年5月3日，正在建设中的弄勇小学。

下图： 2015年1月27日，弄勇小学夜景。

8.5“红军祠”里闪新辉

华屋村小组位于江西省瑞金市叶坪乡黄沙村，因整个村庄姓华，故称华屋。苏区时期，仅有43户人家的华屋，家家户户都有人参加红军，其中20人为革命事业英勇献身，留下了“华屋17棵松”的感人故事，是远近闻名的红军烈士村。

走进华屋，一条水泥路把村子分成两边，一边是一排排白墙黛瓦的客家新楼，另一边是村里特意留着的一间间斑驳开裂的土坯房，村前则是一片绿油油的蔬果大棚。

村史馆陈列的一张张老照片，带我们走进了六年前的华屋村。那时的华屋，家家住的是土坯房，睡的是木板床，用的是土灶台，整个村庄一辆小汽车、一台空调都找不到。村里的青壮年男子几乎都外出务工，留村的只有老人、妇女和孩子，靠种地或吃低保为生。村里119户462人，就有五保户、低保户等各类贫困人员59户212人。资源匮乏、耕地贫瘠、劳动力短缺，困扰着华屋人，附近村庄甚至有“有女莫嫁华屋郎”的说法。

“以前，家里只有三间半土坯房，外面下大雨，屋里下小雨，我和老伴都得了风湿病。房间少，住不下，外出的6个儿女每逢春节只能轮流回家过年。现在这三层的新楼房，做梦都梦不到哟！”85岁的红军后代华从祁，摇着蒲扇，往事

上图：2012年，改造前的华屋村。（资料图片）
下图：2017年8月17日，改造后的华屋村，村前的水稻田已经变成了供村民运动的篮球场。（新华社记者万象摄）

2013年，改造前的华屋村祠堂。（资料图片）

历历在目……

2012年《国务院关于支持赣南等原中央苏区振兴发展的若干意见》出台，在中央及地方政府的扶持下，华屋村开始了新华屋建设搬迁工程。

华屋人要建新房，大家一起来帮忙。"每户至少1.5万元的现金补助，不够的还有银行贴息贷款；市价每吨330元的水泥，限价后只要260元；每块三毛三的红砖，限价后只要两毛七……"华寿东一笔笔数，"拆旧建新，选点布局，村民难免意见不统一，驻村干部就耐心地上门做工作，乡里乡亲的，没有谈不成的事。"

2013年3月4日，华屋危旧土坯房理事会成立。

2013年3月12日，华屋危旧土坯房理事会开始组织拆除旧房。

2013年5月30日，华屋土坯房改造点新址地基开挖。

2014年2月7日，华屋村综合文化服务中心"红军祠"动工。

2014年5月20日，新建66套房屋主体完工。

2014年9月28日，新建66套房屋完成外部装修。

2014年10月9日，华屋危旧土坯房理事会组

2017年8月17日，改造后的“华屋红军祠”（新华社记者万象摄）

织村民喜分新房。

2015年1月29日，华从祁和老伴搬出土坯房，搬进三层楼的新房。

2015年初，华屋所有的改造户集体搬进了新家。

如今的华屋，修好了水泥路，建起了村史馆、农民戏台，山上种植了油茶、脐橙，田地里种植了各类大棚蔬果。背靠青山，面向田野，宛如大山里的一处世外桃源。

住进新楼房的村民们，大力发展蔬果种植和红色旅游产业，外出打工的青年人也陆续回村，加入种植合作社和乡村旅游公司，积极创业实现脱贫致富。

“我家里有四间房是用来接待游客的，种植合作社的70亩火龙果也正在采摘，收入10多万是跑不了的。”村民华东林坐在新家的大厅里，一边喝着功夫茶，一边望向远方的蔬果大棚。“十二五”期间，江西瑞金累计9.7万人实现脱贫，贫困发生率由28.37%下降至10.09%。

青松挺拔，瓜果飘香，一群城里来的游客正在参观村里的“红军祠”。祠堂大门两边墙上，“永远热爱党、永远跟党走”10个大字在阳光的照耀下熠熠生辉。

（万象/文）

第9篇 风景独好

Chapter 9

2018年4月3日，一场春雨过后，浙江省杭州市淳安县千岛湖汾口镇湿地公园内的景观池塘、盛开的郁金香与周边数千亩油菜花相映成趣，构成美丽的春季乡村图景。据悉，汾口镇湿地公园是汾口镇小城镇环境综合整治提升的亮点工程，整个湿地占地500余亩，并配备污水处理系统、人工湿地等净水设施。（新华社记者徐昱摄）

2018年4月9日，雾云山村的梯田景观。湖北省蕲春县的雾云山村有高山梯田600多亩，当地利用梯田风光，打造农耕文化景区，把观光农业确定为扶贫产业，助力当地农民脱贫致富。通过发展旅游，雾云山村由一个落后的小山村变为远近闻名的旅游村，现有农家乐50多家，年创收2000多万元。（新华社记者程敏摄）

9.1 安吉的“绿色变奏曲”

2005年，习近平同志在安吉余村调研时提出“绿水青山就是金山银山”，给当地干部群众指明了一条实现“绿富美”的康庄大道。十多年来，余村坚定践行“两山”重要思想，不但护美了绿水青山，也做大了金山银山。

一

2005年8月15日，时任浙江省委书记的习近平来到湖州市安吉县余村。

这个地处偏僻的山村，改革开放后做起了“靠山吃山”文章，办起多个水泥厂。余村也一度变成了“首富村”，但随之而来的是，秀美的山村变成开不得门窗的肮脏小村。

余村党支部书记潘文革当时是村两委委员。他说，2003年，浙江提出要建设生态省，安吉县编制创建了首个生态县规划，余村的矿山开发也就无法进行下去了。于是全村民主决策，决定关闭矿山，搞旅游开发。

“我们汇报时说，关闭矿山，村集体收入从300万元一下子降到20万元。习近平同志听出了大伙的担忧，就在村委会开了个座谈会，并在会上提出了‘绿水青山就是金山银山’的理论。”

9天后，《浙江日报》的“之江新语”刊登了评论文章《绿水青山也是金山银山》。文章指出，如果能够把这些生态环境优势转化为生态农业、生态工业、生态旅游等生态经济的优势，那么绿水青山也就变成了金山银山。绿水青山可带来金山银山，但金山银山却买不到绿水青山。绿水青山与金山银山既会产生矛盾，又可辩证统一。

从此，余村坚定地走上“绿水青山就是金山银山”的道路。

二

春林山庄是余村最早的农家乐。

山庄庄主潘春林曾在矿山开拖拉机，“习总书记在村里座谈后，当年我就举债几十万元办起全村第一家农家乐，很多人质疑‘卖风景’真能赚钱？”如今，春林山庄已走过10个年头，并联合村里其他4户农民，发展农家乐的连锁品牌，日接待游客逾百名，年营业额超过100万元。农家乐还带动了笋干、茶叶、土鸡等农产品销售。

美丽的环境带来了摇钱树，昔日沉寂的小山村越来越热闹。“山里负氧离子浓度至少每立方厘米3000个！”游客们说，山间的矿坑溶洞令人

20世纪80年代浙江省湖州市安吉县天荒坪镇余村的资料照片。

好奇，村中千年的银杏树和百岁的娃娃鱼在城里也根本看不到。

为方便日益增多的游客，潘春林还和村里人一同开办天合旅行社、组建观光游车队。每天，至少有3辆“农家乐直通车”往返于余村与上海、杭州、苏州之间，打通“吃住游行”一条龙服务。“游客最多时，车队一天要往返15次。”潘春林说。

村民胡加兴也是一名拖拉机手，从矿山下岗后接触到了漂流，于是他举债在村里搞起了漂流，没曾想，如今的荷花山漂流年接待游客达到6万多人次。

曾经脏乱的毛竹山也改头换面了。余村村委会工作人员说，天荒坪林业公司去年携手余村在5000亩毛竹山上种起了林下作物，重点培育了三叶青、竹荪、铁皮石斛等，既达到了美观效果又产生了经济价值。

现在，余村村集体的经济收入又回升到了380万元，农村人均纯收入达到超4万元，年均分别增长25%、15%。

三

晚饭后，余村“两山”绿道上都是散步的村民和游客，而过去，这里是条泥巴路，下雨天就是一脚泥。现在两条总长10公里的绿道将串起整个村庄，徒步于其中就如同一座大花园。

在绿道起点“百亩花海”项目处，一个告示牌上写着：该项目原先是水泥厂厂房。如今村里通过流转开挖了池塘，并播种了近80亩的荷花、向日葵等景观植物。

余村人正以5A级景区的大花园为目标努力着。作为安吉县“垃圾不落地”试点村，几乎在村中看不到垃圾桶。

清运工胡国庆说：“每天早上7点30分前，我会逐一将‘可回收’‘不可回收’和‘有害’垃圾分类清理干净，等到全部完工后，垃圾桶会被拖走清洗，等到下午4点再放回原处，供村民继续使用，所以游客是看不见垃圾桶的。”

从2013年开始，余村对村庄内部进行生态修复，48家工业企业全部关停，家家户户通自来水，实现污水纳管，每个自然村的围墙立面不再是单调的白色，而是绘制了五彩斑斓的墙体画。

四

只要天气条件允许，一到傍晚，余村的文化礼堂、文化舞台和灯光球场上载歌载舞，热闹非凡，有的排练歌曲，有的排练舞蹈，有的还耍起了杂技。

这已经是村里的惯例了，每到节庆时节，村里的老百姓总喜欢到台上唱一唱、跳一跳。

近年来，余村投资1000多万元建起了文化礼堂、文化舞台、灯光球场、农家书屋、数字电影院等。

“物质生活好起来了，我们不能忽视精神生活方面的发展。”村民们说，人改变了环境，环境也改变了人。

2018年3月23日，安吉余村鸟瞰图。（新华社记者黄宗治摄）

为了维护这来之不易的生态环境，村民们自觉将鸡鸭圈养起来，改变了乱丢垃圾的不良习惯；自发组成生态护卫队，及时纠正游客的不文明行为。游客一扔垃圾、烟蒂，村民看到就会捡走放进垃圾桶。

看着家乡这些年巨大的变化，村民李俊贤感慨万分，他将自己的心声化作歌词，“千年银杏，万顷珠海，绿水青山，金山银山。环境优美，民风淳朴，相映荷花，幸福家园。”

余村党支部书记潘文革说，新时代更要有新作为，要认真落实十九大报告提出的乡村振兴战略，把余村建设成为村强、民富、景美、人和的文明乡村样板。

（裘立华、岳德亮/文）

9.2“连锁滕头”风景好

浙江省奉化市滕头村30多年来坚持走生态发展之路，生态农业、低碳工业、现代服务业构架起滕头村的生态产业体系。生态保护和经济发展双轮驱动，滕头村从昔日“田不平路不平，亩产只有二百零”的贫困村，一跃为如今的“全球生态500佳”、“口袋富脑袋富，家家都是小康户”富裕村。滕头村三十多年的沧海桑田，折射出“绿水青山就是金山银山”的样本力量。

“全球生态500佳”“世界十佳和谐乡村”“上海世博会全球唯一入选乡村”——滕头村，位于宁波市奉化区，全村区域面积2平方公里，村民358户，890人。2017年实现社会生产总值95.06亿元，创利税10.2亿元，村民人均纯收入63500元。

从20世纪80年代末拒绝年净收入百万元的造纸厂项目，到90年代初形成“既要金山银山，更要绿水青山”的朴素理念，目前达到全村处处生态、生活生产时时生态、村民人人生态的自觉生态行为，这是一个痛并快乐着的心路历程。

为了保护环境，滕头村人近乎苛刻。滕头村原党委书记傅企平说，20世纪90年代村里就成立了全国最早的村级环保委员会，是滕头村招商引资的“最高法院”，任何进入滕头村的项目都要经过该委员会的综合考评。迄今为止，该委员会行使“审判权”，已累计否决了50多个效益看好但可能造成环境污染的项目。

滕头村人的环保理念不是与生俱来的，而是来自一次次的参观学习。以傅企平为主的部分村干部很早就出国参观学习，发达国家先污染后治理的一些例子撞击着他们的神经：滕头的发展绝不能走这样的老路。

愿望是美好的，过程却是艰辛的。20世纪80年代中期，在以经济建设为中心的发展大潮中，滕头村的异样举措承受了不小的压力。

“我们想不通，大把大把的钱不要，难道好看的村庄能变钱？”村民们经常这么说。环保委员会成立之初，每次否决污染项目，都要承受来自村民不小的压力，被认为是不务正业。

1999年，滕头村开始卖门票，这在全国农村中还是首例。城里的游客、参观考察新农村的游

上图：20世纪70年代，浙江宁波奉化滕头村照片。

下图：2018年3月3日，宁波滕头村鸟瞰图。（新华社记者黄宗治摄）

客纷纷来滕头，村民数着门票钱，游客们还把农户家里的黄花梨、草莓、鸡蛋等买了个精光。这样的效果让村民觉得自己看走了眼，他们的内心起了波澜，原来好风景也可以卖个好价钱。

看到了实惠，村民们开始有了自觉行为。村民们自发保护花草树木，为了买到邻县要被砍掉的500株香樟树，他们星夜前去，抢回来种在村里，如今香樟林成了村里的景点。

原本一条寂寂无闻的外婆溪，现在却成为滕头村这个国家5A级景区的新增长点。两岸芳草清香，溪中绿波荡漾，虽然费用多花费30元，游客却络绎不绝。摇橹的师傅说，他们每人每天要往返数十趟接送游客。如今，不到2平方公里的生态景区每年给村里带来3000万元的门票收入和超亿元的旅游综合收入。

不仅仅是简单地“卖风景”，滕头村经济的主色调就是绿色，园林绿化、新能源、新材料等生态产业占到滕头经济总额的80%以上，部分行业已经成为全国同行的标杆，滕头的园林苗圃基地面积达到10万亩，在同行中遥遥领先。

绿水青山就是金山银山，滕头人感触深刻。目前，村集体每年给每位村民发放各类福利补贴达26000元，滕头村民实实在在享受到了生态红利，也催生了进一步的自觉行为。

滕头村环保委员会的职能发生了

2018年4月22日，浙江奉化滕头村风貌。（新华社记者殷刚摄）

变化，2012年3月，在全国行政村中首个安装PM2.5监测设备，并实时提供年平均不到20的数据。考察新能源、新材料等环保项目，提供决策依据。村环保委员会在新常态下有了新内涵。

每晚华灯初上，在宁波北仑、江北的两个生态农庄内，食客络绎不绝。这是打造“连锁滕头”的试水之作。农庄以绿色美景、生态美食、乡村风情为卖点，集合了滕头村园林绿化和生态餐饮两大优势产业，相当于在当地再造一个微缩版的滕头村。

生态农庄带给当地市民的不单单是视觉冲击，更多的是理念的升华。“原来餐饮可以这么搞。”

“全球生态500佳”、“世界十佳和谐乡村”、“中国人居环境范例奖”等70多项殊荣，不只是收藏在档案室里的荣誉，在“连锁滕头”的扩张中更具有品牌效应。跳出滕头发展生态经济，既能解决滕头村自身发展空间不足的缺陷，又能输出绿色理念赢得经济效益，这是“连锁滕头”发展模式的初衷。

“连锁滕头”，生态农庄只是一个缩影，园林绿化产业更具有广阔发展空间。花卉苗木作为绿色产业，集一产种植、二产施工、三产设计于一身，既是实体，又是创意，在我国具有广泛而良好的发展空间。目前，滕头园林已在福建、江西、安徽、湖北、山东、河北、陕西、江苏等地的部分地区建设10万亩苗圃。

比如江西的基地，已经引来了山地自行车比赛，带动了生态旅游，农民开办农家乐，基地变成了金山银山，更重要的是把理念带过去，搞生态产业。

在原来的荒山上栽种苗木，大片的苗圃基地吸引游客前来观光休闲，当地市民很快学会了滕头人的绝招，他们学会了“揩油”，在苗圃基地周围开农家乐饭店，赚了个盆溢钵满。这种现象已经引起了当地领导的关注，并希望滕头扩大苗圃基地面积。

滕头村不单满足于自身的生态致富，还在一些重要场合经常义务传播他们的生态理念。2010年，上海世博会滕头案例馆开放，这是全球唯一入选的乡村案例馆，在世博会开放期间，滕头村向世界展示了自己的生态路和绿色梦，自豪地喊出了属于自己的口号：乡村，让城市更向往。

滕头村民从朦胧的生态意识，到坚决的生态行为，取决于多年来滕头村因地制宜的生态路径。滕头农民和村庄的转身，对全国各地农村具有参考价值。

滕头村的美丽画境和美好生活得到了前来视察的各级领导和各界朋友的充分肯定。

1993年，联合国副秘书长伊丽莎白·多得斯韦尔女士来滕头时说，“到过世界上很多国家，很少看到像滕头村这样美丽整洁的村庄。”如今滕头是“全国首批4A旅游景区”（2010年升为5A景区）、“中国十大名村”、“世界十佳和谐乡村”，更成为上海世博会“城市最佳实践区”全球唯一入选参展项目的乡村。

浙江大学生态规划和景观设计研究所所长严力蛟曾多次来滕头村指导工作，他曾撰文指出，在滕头村，生态不仅是生产力，而且是第一生产力。

有专家说，全国来看，经济发展有比滕头强的，风光景色有比滕头好的，但是，像滕头这样产业与生态、人与自然如此和谐相处、和谐发展却全国少有。

（裘立华、岳德亮/文）

9.3 沙海中的“绿色长城”

20世纪70年代，毛乌素沙漠边缘，治沙队伍前往治沙现场途中。

宁夏是我国土地沙化最为严重的省区之一，周围分布着毛乌素沙漠、腾格里沙漠以及乌兰布和沙漠，是风沙进入我国腹地和京津地区的主要通道和前沿地带。缺林少绿、干旱少雨、生态环境脆弱、自然灾害频繁是宁夏生态的基本状况。

地处毛乌素沙漠边缘的宁夏灵武市白芨滩国家级自然保护区，位于宁夏引黄灌区与沙漠“抗争”的前沿。治理行动前，这里生态环境恶劣，一年四季风沙肆虐，一座座流动沙丘侵蚀着良田，植被覆盖率不到10%。

自1953年建立防沙林场，2000年成立国家级自然保护区至今，三代治沙人艰苦创业，植树造林，探索出“五位一体”治沙模式：在沙漠外围营造大面积以灌木为主的防风固沙林，形成第一道生态防线；围绕干渠、公路、果园建设多树种、高密度、乔灌结合、针阔混交的大型骨干林带，构成第二道生态屏障。在两道生态防线的保护下，内部引水拉沙造田，培育经果林和苗圃，果园成为职工的“摇钱树”，苗圃成为职工的“绿色银行”。在田间空地，种植畜草，发展养殖业，形成牲畜粪便肥田、林草养殖牲畜两项循环产业。2015年，保护区被国家林业局确定为“国家沙漠公园”试点，借此机会大力发展生态旅游，进而实现了从“五位一体”治沙模式向“六位一体”综合发展模式的转变。

随着国家林业的大力发展，给白芨滩的治沙事业带来了前所未有的机遇。林场改变过去“一季造林、成活靠天”的传统治沙模式，运用工程

2017年5月16日，宁夏灵武白芨滩国家级自然保护区大泉林场。（新华社记者王鹏摄）

与生物措施相结合的方法，重点推广了以草方格固沙技术为核心，雨季穴播、营养袋造林，撒播草籽、秋冬两季植苗造林等先进适用技术，既延长了造林时间，又提高了造林质量。造林成活率从过去的60%至70%，提升到现在的80%至90%。

早在20世纪80年代初，面对职工住房难、看病难、子女上学难的现状和资金严重缺乏、既要养人又要虎林、还要造林的局面，林场就提出“内改经营机制，外拓生产空间，靠创新求发展”的工作思路。大力推行以家庭、联组或个人划片承包机制造林，制定实施“六个一”目标，严格考核3项指标，达到多劳者多得的奖励机制。得益与机制创新，林场职工积极性被激发出来。

进入“十二五”以后，白芨滩林场职工收入连续多年保持了12%以上的增长速度，2016年人均收入突破6万元。每年筹措200多万元给全场职工缴纳‘三险一金’，每年拿出10多万对职工子女上学进行补贴。先后投入2000多万元用于职工住房补贴、养殖补贴、收入补贴、设施栽培补贴等。解决职工就业160多人，社会就业400多人。“我们这种模式实现了治沙与致富同步发展，创造了改造利用沙漠、发展循环经济的成功范例，被国务院确定为推进宁夏经济建设重点推广模式。”魏蒙自豪地告诉记者。

截至目前，白芨滩林场完成治沙造林63万亩，控制流沙面积近100万亩。目前森林覆盖率达到40.6%，有效阻止了毛乌素沙漠南移和西扩，在毛乌素沙漠西南边缘筑起了“绿色长城”。在治理生态的同时，积极发展经果林、苗木、设施园艺、种植养殖4大支柱产业，在沙漠边缘引水推沙造田，发展果园5千亩、开发苗圃5千亩、建设温棚243座，固定资产由原来的40万元增加到1亿多元，林木资产由原来的500万元增加到6亿多元，成功走出了一条“以林为主，林副并举，多种经营，全面发展”的兴场之路。

9.4 团泊洼的春天

“秋风像一把柔韧的梳子，梳理着静静的团泊洼；秋光如同发亮的汗珠，飘飘扬扬地在平滩上挥洒……”42年前，著名诗人郭小川，以此开头写下了不朽的诗篇。《团泊洼的秋天》，用细腻的笔触描绘出团泊洼的诗意与秀丽，也让这片位于天津静海的“洼地”闻名天下。

斯人已逝，美景犹在。冬去春来，走进团泊洼，这个昔日偏僻荒凉的知识分子“流放之地”，一座生态宜居的现代化新城正在湖畔崛起，重新书写着这颗“华北明珠”新的传奇。

高粱好似一队队的“红领巾”，悄悄地把周围的道路观察

向日葵摇头微笑着，望不尽太阳起处的红色天涯

矮小而年高的垂柳，用苍绿的叶子抚摸着快熟的庄稼/密集的芦苇，细心地护卫着脚下偷偷开放的野花……

在郭小川——一位被称为“中国的马雅可夫斯基”的激情诗人笔下，一片浸满幽远诗意与斑斓色彩的秋景在诗中晕染开来。

这首诗创作于1975年9月。当时正值“文革”，郭小川受到迫害，被非法关押在团泊洼

1974年，大邱庄村容一角

五七干校隔离审查。干校学员均是享誉全国、德高望重的艺术家，包括著名诗人郭小川、屠岸，著名剧作家吴祖光，著名书画家华君武、钟灵，著名音乐家吕骥等。

此时的团泊洼，因为偏远荒芜，成为“流放之地”。作为典型的盐碱地，居住于此的老百姓生活极为艰困，当年曾流传过这样的民谣：“苦水沿边老东乡，旱了收蚂蚱，涝了收蛤蟆。”

后来，周边老百姓迎来了改革开放，迎来了富足的生活，但新的环境污染问题开始出现。位于团泊洼南岸3公里处的大邱庄镇，素有“天下第一庄”之称。改革开放后，大邱庄办起了第一家冷轧钢厂，迈出了中国农村改革里程碑式的一步，并逐步发展成为全国著名的钢管生产基地。

钢铁企业的大量聚集和蓬勃发展，同时也带来了严峻的污染问题。2004年，大邱庄被天津市政府列为全市7个重点污染地区，2008年又被环保部列为重污染地区挂牌督办。当地人介绍，当时的大邱庄沟沟是黄水、处处冒黑烟，整个村子就像只巨型“炼钢炉”。并且由于废水随意排放，村里的主要河流港团河、青年渠被人讥为“两条黄河”。

而美丽的团泊洼，在1998年到2003年间，因为连年干旱和农业用水，水量急剧减少，生态环境遭受破坏。

为保护好这片承载着太多记忆和情感的碧水，大邱庄乃至静海展开系列行动，一手加大环保力度，一手加快新型城镇化建设，让团泊洼这颗明珠重新璀璨。

如今再访团泊洼，曾经的盐碱地早已经变成了连片的湖面，水面面积超过52平方公里，相当于10个西湖的面积，烟波浩渺，静谧秀丽。站在湖岸边放眼望去，宽阔的水面光滑柔软得像铺展开的巨幅绿色绸缎。一缕春风拂过，吹皱了平静的湖面，和煦的阳光在上面点染上粼粼金光。湖中，苇海随风荡漾，错落有致地点缀在这绿色绸缎之上。一个个造型各异的湖心岛上绿意盎然，仿佛巨幅绸缎上装饰的刺绣。水面上，水鸟嬉戏，渔船飘荡，不时可见一群白鹭翩翩飞起，一群群野鸭划过天空。

中图、右图：大邱庄集体劳动的场景。

团泊湖

大邱庄示范小城镇建设

在团泊洼岸边的大邱庄，生态环境也有了根本性的改变。从2010年开始大邱庄进行污染点源和面源的全面治理，坚持“点面结合、标本兼治”的工作思路，倾全力、投巨资、出重拳。经过10余年的持续努力，大邱庄的生态环境有了喜人的变化：河变清了，树变多了，环境变干净了，人居环境更加优美和谐。

谁的心灵深处——没有奔腾咆哮的千军万马

谁的大小动脉里——没有炽热的鲜血流响哗哗！

《团泊洼的秋天》如冲锋前的嘹亮号角，鼓舞着当时人们向着一个新的时代进发。

如今的团泊洼，早已不再是诗人笔下“犹如少女一般羞羞答答”，而是以更加崭新的容貌和独特的魅力展现在世人面前。

从天津市区驱车沿团泊快速路向南行驶，穿越横跨在独流减河之上，宛若“迎宾大门”的团泊新桥，便进入了静海区团泊新城区域。

作为国务院批准的天津市11个新城之一，团泊新城规划总面积210平方公里，以文化创智、会展旅游、健康产业为特色，集文化产业、休闲度假、医学体育教育、科技研发、诊疗康复、竞技健身、商住会议功能于一体，致力于建造天津市健康产业区、体育功能区和文化休闲区。

现代化体育场馆设施齐聚，温泉旅游度假区景色宜人，医院大学设施一流，国际康复养老中心建设正酣，世界唯一一座得到萨马兰奇家族授权和国际奥委会批准的纪念萨马兰奇先生纪念馆已经开馆……依托得天独厚的区位优势和自然环境，经过精心规划和布局，团泊湖畔曾经的盐碱荒滩上，正在崛起一座活力四射、朝气蓬勃、生态宜居的现代化新城。

在团泊新城的西区，天津市健康产业园的建设正在如火如荼地进行。园区将以建设天津中

医药大学、天津国际医学城、天津体育学院和天津市体育中心为核心，配套建设生态居住及商业服务等项目，致力于打造成面向区域和国际的中西医教学科研中心、医疗康复基地、体育健身基地。

在团泊新城的东区，规划以休闲旅游为核心，集中发展温泉度假、文化休闲、旅游观光和设施农业等产业。八年中，共实施项目77个，累计完成投资约160亿元。团泊示范镇、光合谷生态文化产业园、天津大学仁爱学院、团泊湖温泉酒店等产业项目全部竣工。

对于弥足珍贵的团泊洼湖区，按照总体规划，将充分利用生态湿地和鸟类自然保护区的资源优势，形成环湖及水上观光精品旅游区。2009年，投资22亿元，实施水库除险加固、浚深堆岛、东堤改线及七排干改造工程，构筑了9个岛屿（含原湖心岛）和12平方公里的鸟类自然保护区，于2011年底竣工。35公里的环湖路已全部贯通，已经举办了3届环湖自行车邀请赛、第四届环中国国际公路自行车赛和东亚运动会自行车赛。

绿水青山就是金山银山。团泊新城在建设中，始终秉持生态文明、人与自然和谐相处的理念，良好的生态环境成为带动当地经济的快速发展的“金名片”，百姓的生活也随之发生着翻天覆地的变化。

郭小川的女儿、中国人民大学教授郭晓慧在参加第四届团泊诗歌节时曾经激动地说，她从来没有想到父亲昔日劳动生活过的地方会变得这样美。“团泊洼给我的印象非常非常荒凉，现在看到盐碱荒地都长出了那么多的绿树青草，我真的觉得当时的希望正在生根发芽了，长成大树。”

正如郭晓慧所说的那样，今日的团泊洼，从厚重静美的秋天走来，又从充满活力和希望的春天出发。

（刘元旭、翟永冠/文）

9.5“卖炭翁”的新形象

曹家坊村矿区旧照。

北京的郊外，在记忆里就该有湛蓝的天空、淡黄的枝叶，还有被微风“撩拨”过的湖面……

2017年底，距离北京市区100公里外的小乡村迎来了大喜事：筹备6年的房山区史家营乡曹家坊村的百瑞谷景区开门迎客，鸣锣打鼓、鞭炮齐鸣，村里好不热闹。

北京旅游业发达，拥有长城、故宫等多处名胜古迹，也有如十渡、青龙峡等自然风光。这乡村风景区有何特别之处?

从前的北京西南郊区，在经济上最主要的依靠就是所谓的 “黑白灰黄红”。“黑”即煤矿，“白”是白灰，“灰”指水泥，“黄”是沙石料，“红”即红砖。这些产业在一定时期内为经济建设做出了突出贡献，但也带来了一些环境问题。

翻阅地方史，采煤曾经是史家营乡的主要经济支柱，这里煤炭资源丰富，最多时拥有数百个矿场，年平均收入近60亿元。据当地居民介绍，矿工多时，乡政府门前广场边摆满了小吃摊位。

杨新玲曾是乡里煤炭运输业务的承包商。听她介绍，20年前山区里有好多小煤窑，几千名矿工同时作业，部分矿工收入每月能够近万元。但为治理环境、转型发展，北京市要求关停该地区煤窑。

记者沿着山路前行，沿途遇到几家被关停的矿场，墙已被煤色“浸染”，废弃的设备搁置一边等待处置。

听当地百姓介绍，矿工多来自外省市，关停之后大多回了原籍。矿区内的部分居民在异地搬迁中换了新家，乡里的中学生可以免学费、住宿费到城区接受更好的教育。“矿区”在转型，百姓的生活在一点点改变。

如今，杨新玲已是一家民俗旅游山庄的老板，重大节日时每天能接待近50桌游客。今年“十一”期间，还有6名外国游客慕名而来。

“对‘靠山吃山’有了新的理解。”杨新玲说，以前大家是利用山里的煤炭资源，发展“黑经济”，现在“天然氧吧”“野生山茶”等才是我们真正的“金山银山”。

转型发展并非一蹴而就。2011年以来，当地政府在曹家坊村开展废弃矿山治理工作，5个治理区共投入资金4563.71万元，治理面积近2000亩。为了挡住山沟中的煤矸石，施工人员建起四道“大坝”；为了恢复大山的绿色，共种植了元宝枫、榆叶梅、金枝国槐等具有观赏价值和经济价值的树种近10万株。

中共中央、国务院对《北京城市总体规划（2016年—2035年）》作出批复，明确指出北京未来发展要优先保护好生态环境，大幅提高生态规模与质量，加强浅山区生态修复与违法违规占地建房治理，提高平原地区森林覆盖率。

史家营乡旅游办公室主任张德强表示，要让老百姓在生态建设的过程中获益，才能从根本上调动百姓积极性，让生态建设变成这个区域百姓的自发行为和自觉行动，形成良性循环。

“矿区”变“景区”，路两旁醒目的金枝国

百瑞谷景区。

槐，如标兵一般，沿着山路蜿蜒曲折一路向上，金黄色的树叶随风飞舞，与山坡上种植的核桃、山楂、海棠、山杏等果树遥相呼应。

“早几年来，可不是这个景象，在这儿你基本见不到别的颜色，全是黑的，就连树叶，也都是黑色的。”房山国土分局地质矿产科工作人员王吉鹏回忆说。

关于生态环境保护，国家一直强调要“算大账、算长远账、算整体账、算综合账”，绝不能以牺牲生态环境为代价换取经济的一时发展，既要金山银山，又要绿水青山。

“金山银山就是绿水青山”，对于很多乡村，天然绿色资源是可持续发展的最大本钱。保护绿水青山，做大“金山银山”，不断丰富发展经济和保护生态之间的辩证关系，成为京郊乡镇的努力方向。

作家郁达夫先生笔下曾这样描写《故都的秋》：“秋天，这北国的秋天，若留得住的话，我愿把寿命的三分之二折去，换得一个三分之一的零头。”

留住这自然风光和人文历史，让生活在这里的人与自然和谐相处——岁月悠悠，绿水青山，不仅仅是百瑞谷这个4A级景区的“金名片”，也播撒下京郊可持续发展的“金种子”。

（盖博铭/文）

9.6 石漠化山村的重生

地少、树少、水少，这是西南石漠化地区的典型特征。早春时节，走进地处石漠化地区的广西壮族自治区南宁市马山县古零镇弄拉屯，映入眼帘的却是另一番景象：群山环绕挺拔秀丽，植被茂密郁郁葱葱，云雾缭绕宛如仙境，山中泉水潺潺不息。

“这是罗汉松”“这是红豆杉”“这是黄花

上图：弄拉屯旧照。
下图：弄拉屯和进入弄拉屯的公路。

梨”……行走山间，弄拉旅游专业合作社理事长李荣光如数家珍地指着新种的树木说。这些年，记者多次走进弄拉，但几乎每次来都会有新发现。

2010年，严重的干旱席卷了整个大西南，大石山区自然是重灾区。当年4月，记者一行来到弄拉，却发现这里依旧是清澈山泉日夜流淌响叮咚，成为旱区罕见的“绿洲”。那一年，弄拉这个石漠化山村的生态变迁故事引来了一波又一波的探访者。

事实上，弄拉的今天得益于生态，也曾差点毁于生态。

“大炼钢铁”时代，弄拉的山林几乎被砍伐殆尽。“1958年，200多个外面的人背着柴刀、斧头和锯子来到这里，连续砍了两个月，附近20多个山头的树木都被砍得精光。”李荣光说。

山石裸露、水荒粮缺、山洪暴发，大自然的惩罚很快到来。“老人们说，再这样下去，真是没办法生存了。”随后，村民们自发成立了护林队，并制定村规民约只能种不能砍，护林队员天天在山林里巡逻，谁砍一棵树就要罚种十棵树，还要扣工分。

作为当时全屯仅有的两名高中生之一，李荣光一毕业就被选为队长，也接下了保护山林的重任。屯里在护林队的基础上成立了林业队，组织群众开荒，大面积种植桃树、枇杷树、李树、苦丁茶等经济作物，山上的植被得到进一步丰富，逐步形成了“山顶林，山腰竹，山脚药果，地上粮”的立体生态模式。

90年代初开始，弄拉屯又在林业部门的指导下进一步开展生态重建，针对石山造林条件差、难度大的特点，因地制宜采取了使用良种壮苗、实行多种林木混交等一系列技术措施和组织管理形式，大大提高了森林覆盖率和造林质量，形成了石漠化治理的“弄拉模式”。

但是，守着森林覆盖率超过90%的弄拉人，慢慢遇到了“成长的烦恼”。“树木不能随意砍伐，退耕还林后，耕地不断减少，随着人口的不断增多，弄拉需要多一条发展的路子。”李荣光脑子里转动着绝大部分弄拉人的共同思考。

在李荣光的发动和带领下，2008年，广西第一个生态旅游专业合作社在弄拉成立，村民以土地承包经营权和林地量化入股的形式参与开发经营合作社，发展生态休闲旅游业，他们要把这个山旮旯变成一个脱贫致富的“金饭碗”。

开始，弄拉人的想法是将这个山旮旯按照农家乐的模式进行改造。干着干着，弄拉人不愿这么干了。随着“野心”越干越大，他们在这个狭窄的山间竖起“中国·弄拉”的门楼，要把这片大石山建成一个休闲避暑旅游度假景区。

为了最大限度保护好山里的生态环境，村民们决定搬出去建设新村。成立合作社之初，不允许村民放养牛羊、上山砍柴，合作社专门筹集了10万元资金补贴给有损失的村民。

他们把原先坑坑洼洼的进山砂石路拓宽修建成水泥路，“人家山里修路，一般都是爆破后让石头随便往山下滚，我们为了保护生态，不让山体和树林受到破坏，开挖山石的时候都用膨胀剂，然后一点点地把石头挖开搬走。”李荣光说，他们把这些石头挖开后，又一块块地把坑洼的山窝填平，就像做美容一样一个毛孔一个毛孔修复着这片他们赖以生存的大山。

上图：2012年4月26日，修建中的弄拉屯进山公路。
下图：2018年3月9日，一辆汽车行驶在弄拉屯的公路上。（新华社记者陆波岸摄）

弄拉旅游基础设施基本上依山而建，千方百计避免破坏植被。“如果因为建设规划需要，砍掉一棵树必须在旁边补种一棵。”李荣光说，弄拉这两年引进大批黄花梨、红豆杉、罗汉松等树种，雇用两个村民作为专职护林员每天对整个山林进行巡逻看护。

他们不惜血本在各个山头建设蓄水池，从山顶到山底、在山与山之间布有一个完整互通的水管网络，将山顶的蓄水引到山林的每一个角落，大旱来袭可以浇灌树木，火患来临可以浇灭大火。“因为有水浇灌，我们的树栽种一棵基本就能成活一棵。”李荣光自豪地说。

现在，这个有着100多人的旅游专业合作社，大部分人都在景区内上班，一个人一天最少能拿到70元的工资收入。每天早上，他们结伴从弄拉新村到弄拉去上班，晚上又有说有笑结伴回来，满满的幸福感洋溢在每一个人的笑脸上。

走进距离弄拉景区只有几分钟车程的弄拉新村，连排的楼房格外显眼，门前屋后停着很多汽车。“每户都是四层半、都装修好，几乎是拎包入住”，村民蓝琴说，每户只用交4万多元，买地皮、房屋建设、装修都不用自己操心。

上图： 2016年7月14日翻拍的马山县古零镇弄拉新村村民李华政搬迁前在老家弄拉屯老住房的照片；
下图： 2016年7月14日，在马山县古零镇弄拉新村，村民李华政（左一）和邻居在家里喝茶聊天。（新华社记者陆波岸摄）

在合作社的不懈奋斗和政府的帮扶下，这几年来弄拉景区越来越红火。独特的地形、优美的生态和不断完善的基础设施，正吸引着越来越多的游客前来观光。中国-东盟山地马拉松赛、环广西公路自行车世界巡回赛等赛事的举办也进一步打响了弄拉"最美赛道"的知名度。

现在，景区拥有1000个车位的停车场节假日都爆满，新建的酒店也常常需要预约才能订到床位。村民们的收入也水涨船高，人均纯收入从2007年之前的3000多元增长到2017年底的近2万元。李荣光介绍，在继续完善生态的同时，今后还将建设旅游步道、索道、游泳池、高端住宿等配套设施，让弄拉成为休闲度假养生的生态大公园。

曾经赤贫的山旮旯何以"起死回生"？在李荣光看来，贫穷并非山旮旯的宿命，只要尊重自然规律，锲而不舍地奋斗，让人与自然得以和谐共生共荣，每一方土地都可以建成幸福美好的家园。

"总书记说了，绿水青山就是金山银山，我们弄拉人一定会守好这个金饭碗，一代一代传下去。"李荣光说。

（向志强、陆波岸/文）

9.7 绿水青山前南峪

早春时节，来到位于河北省邢台县西部山区的前南峪村，连片的山场在阳光照耀下暖意融融，映入眼帘的是望不到边的干鲜果树，绵绵伸向远方，果农们忙在其中，不时传来爽朗的笑声。

沿着蜿蜒的山路，我们来到位于山场上的温室大棚。大棚内处处生机勃勃，一人高的树被修剪得井井有条，花朵都已凋谢，果实也长到葡萄大小。“棚里种的是油桃和中华白桃，到4月下旬就能采摘了，再往后不同种类的品种就陆续进入采摘期，一直持续到秋天。别看我年轻，我搞果树管理已经好几年了，技术比上年岁的人一点都不差。”28岁的果树管理技术员郭太平印象中的山场一直都种满了树，只不过现在的树长得更大、更高，郭太平乐呵呵地说：“俺们村环境好，风景美，外来的游客也多，满山果树不愁卖，还能凭着好生态卖上好价格。”

刚刚过去的这个冬天，前南峪村“海书农家乐”的老板王海书一家比平日更忙活。“紧邻原来房子的位置又盖起一处新房子，短时间家里住不了这么多，也用来发展家庭旅馆和农家乐。”

王海书今年48岁，家里不光有林果树，还经营着农家乐，遇到旅游旺季，很多游客都提前预约，更有不少人购买家里自家生产的苹果、板栗等农产品，仅林果和农家乐两项年收入十五万不成问题。王海书自豪地说：“新增的住房比原来的条件要好，每间都配备卫浴设施，满足游客们的需求，今年五一正式接待游客，我们家的收入还能再上一个台阶。”

前南峪村耕地746亩，宜林山场8300亩，人均6分田、7亩山，户籍人口1456口。郭太平、王海书的惬意生活和自豪感，总是离不开前南峪村山场的变化。

不管是生活在前南峪村的人还是外来旅游观光的游客，进入景区，总要在观光平台驻足欣赏漫山美景。最吸引人的是用常青小柏树栽植而成的是“再造秀美山川”这六个绿色大字，浓缩着前南峪村尊重自然、生态优先，像保护眼睛一样保护生态环境的持久实践。工程浩大的层层梯田以及来自各国的奇花珍果章示着前南峪人战天斗地的昂扬精神和艰苦奋斗的不止脚步。

“过去是山坡和尚头，土地随水流；有雨就成灾，无雨渴死牛。直到1977年，全村人均收入仅有57元。经过多年治山植树，全村32座山头、10条大沟、72条支沟8300亩山场种植480万株树木，林木覆盖率达90.7%，植被覆盖率达94.6%。

上图：村旧村口牌坊

下图：前南峪旧村貌

前南峪村全貌。

荒山变成‘花果山’，前南峪村成为‘太行山最绿的地方’，被誉为‘太行明珠’。”提起前南峪村山场的变化，村党委书记郭天林自豪之情溢于言表。

树多了，山绿了，前南峪村开始挖掘一条条山沟的经济潜力，引进果树新品种，调整种植结构，成功探索了“林材头、干果腰、水果脚、米粮川、林果山”的生态模式，全村共栽植干鲜果树达到29.64万株，人均210株，仅果品一项年人均收入就达到6800元，前南峪村一条条山沟变成绿色银行。依托“抗大”红色资源和生态经济沟绿色资源，前南峪村又培育观光休闲特色农业，做大旅游产业。

“我们也曾经历过发展工业经济、污染环境的曲折道路。认识到这一问题后，村里果断砍掉年利润800万元的污染企业，抛弃带污染的GDP，走绿色环保、可持续发展道路。”郭天林介绍，靠山护山，才是根本，经济沟是他们的根，要实现由富变美，必须坚定不移在沟域经济上做文章，延伸经济沟链条，走好生态建设路，把绿水青山变成金山银山。

现如今，前南峪生态旅游观光区被国家旅游局确定为“全国百家农业生态示范点”，每年吸引中外游客45万人次，旅游收入超过6000万元，仅门票收入就有1200万元。全村年人均收入已经达到16800元，比五年前翻了一番。

前南峪村干部群众几十年如一日改善生态环境、发展绿色产业、建设美丽家园，在绿起来、富起来、美起来的道路上越走越顺畅。

（杨世尧/文）

前南峪景区万半珍果园。

兄弟商行改造前

9.8“花梨人家”正缤纷

博鳌，中国海南岛东部的临海小镇，万泉河、九曲江、龙滚河三条内陆河流在这里交汇入海，形成了独特的地理景观。民间传流的美丽传说也在向人们娓娓道来这片滨海之地注定不平凡的使命。千年的宁静渔村，如今已成为风光旖旎的旅游胜地，更在每年春意盎然之时吸引着世界目光。

2001年，一个决定，让博鳌的命运发生了重大转变。包括中国在内的26个国家共同发起成立了一个国际论坛，而这个论坛的永久会址，就是博鳌。博鳌亚洲论坛赋予了小镇新的历史使命，博鳌借着东风，也昂首驶向发展与开放的未来。

博鳌亚洲论坛会址坐落在东屿岛上，远处的玉带滩宛若静静漂浮在水面的一条丝绸。这条狭

南强兄弟商行改造后

长的沙滩半岛，天然地将万泉河和南海分隔开。岛上椰树高耸，满眼绿色，三角梅等缤纷花朵簇拥成“ASIA”字样等造型各异的花坛。

亚洲论坛会议中心被优美壮阔又极具海南韵味的自然景致包围着。站在这幢3层类圆台形建筑的楼梯入口，不自觉置身于大气庄严的氛围中，好像自己也有机会参与某个重要会议。

近年来，亚洲论坛会议中心年均举办大小会议会展300余次，参会人员6万多人次，直接或间接带动就业岗位3000多个，年均增加产值1.5亿元。

随着论坛的落户，一系列配套设施和服务顺势而生并快速发展，博鳌也借助年会效应，大力开展会议会展旅游。四海八方的游客汇聚于此，不仅为欣赏热带海滨胜景，更是为了来拜会这见证了大变革时代的不凡之地。如今的会议中心，不仅仅是全球领导和智囊激情碰撞的场所，更是敞开怀抱欢迎宾朋的热土。

这里是博鳌飞跃的起点，博鳌赢得了举世瞩目，更赢得了让自身闪光的机遇。

行走在博鳌，处处可以看到发展带来的变迁，古香古色的南强村就是其中的代表。这个隶属于朝烈村委会的自然村有52户253人，居民数量并不多，整个村子也显得精致而小巧。刚进村口数十米，就会看到一栋海南古民居风格的小楼，“花梨人家”四个字让人好奇它的意涵。

原来，这栋小楼是南强村的一家特色民宿。2015年，老村支书莫泽海带领18户村民以每股1万元的方式自愿参股，共计投入20余万元，依托古朴的村风村貌，把5间相邻的百年老宅串联起来，打造成一座极具海南风情和侨乡色彩的花园式农庄。因庭院里有许多珍贵的花梨木，于是取名为“花梨人家”。老支书的探索，不仅带动了村民就业，入股的村民们到年底还能拿到股东分红，从实处改善了村民生活。

2018年3月5日，南强美丽乡村试运营，修葺一新的“花梨人家”也一同重新开张营业，游客络绎不绝。经过几年的努力，村民在家门口吃上了旅游饭。

村民介绍，南强村以前的主要收入来源是种植冬季瓜菜、槟榔以及农闲时外出打工。近几年，村子开始了改造，村里道路平坦整洁了，环境更美了，还有了新的公共场所，大大提升了生活质量。村子吸引了岛内外的游客，村民的收入也比以前高了。

2012年，琼海提出“田园城市”的发展思路。其中，朝烈村委会美雅、南强、朝烈、岭头、大路坡等五个自然村连片打造的博鳌乡村公园，让村落焕然新生。博鳌镇政府的驻村干部胡金阳见证了南强村“越来越美丽，越来越有韵味”的历程。

胡金阳说，驻村以来，她发现作为琼海市第一批文明生态村，南强村古村落风貌完整，区位优势明显，民风淳朴重礼教。“这边的村民早年下南洋后回到家乡，建造出这种融合了南洋风格和海南本土特色的民居。”

胡金阳指着一栋民居说，“这墙都是用青砖垒起来的。青砖是这里的特色建材，物料考究工艺精湛。还有屋檐，都有精细的雕刻在上面。”

漫步在南强村里，前一个路口看到的还是岁月在石板路上留下的斑驳印痕，下一个转角便是满目花海。信步小巷，房屋一侧是古朴典雅的砖墙与门廊，另一侧却是钢化玻璃拼接成的阳台和落地窗。这样风景与人文的交错与结合，让南强散发出一种时代的美感。

村中的凤凰公社、凤凰客栈等，都是这样新旧融合的建筑。凤凰公社是一个免费开放的小型文创基地，各地的艺术家们可以在这里举办艺术沙龙，进行创作与交流。村中的凤鸣书屋在改造后，成为为村民免费提供阅读服务的文化园地。“我们想在南强营造一种‘艺术+’的新风尚。”胡金阳说。

胡金阳介绍，南强村村民在都比较自发自觉地保护村庄原有风貌。在修建新居时，许多村民们都将新房建在老宅旁边的空地上，或另选新址，而不是拆除老宅、原址重建。游客在村中小路上穿梭，仿佛时光倒流，来到了一座充满古韵、安逸祥和的南洋小镇。

不大的南强村，公共绿地、凉亭桌椅等区域像繁星散落在村中。其中，2600多平方米休闲绿地是通过拆除违建及简易棚改造而成的。“建设美丽乡村的过程，也是与村民深入交流加深感情的机会。美丽乡村让村子在保持古风貌的同时又增添了新气象，村民日子也过得更加红火。”胡金阳说。

（李强、郑扬子、曾佳慧/文）

上图： 凤凰公社改造前
下图： 凤凰公社改造后

后 | 记

1978年，中国开启改革开放这场决定前途命运的伟大变革，发端于小岗村的“大包干”成为改革开放的实践起点。2018年，中国改革再出发。

在改革开放第40个年头、全面贯彻党的十九大精神开局之年，我们精心组织编写了这样一部集中反映改革开放40年来中国基层村镇历史变迁的图书。书中选取了全国32个省、区、市的共计50多个具体村镇，地域范围涵盖东南西北，横跨不同的地理样貌与人文景观。它们只是中国广大村镇的一小部分，却以其独特的时空、具体的人物、鲜明的性格、蓬勃的生机、真实的生活，书写了改革开放40年来发生在中国乡土上原汁原味的“中国故事”。

其中，既有跨越时空的老典型，也有冉冉升起的明星村；既有因综合发展而致富，也有依托产业而立身；既有得天独厚的通衢之地，也有艰辛而成的希望通途；既有绿水青山的美丽乡村，也有变换容颜的华丽重生；既有精准脱贫“攻坚战”的奋力实践，也有乡村振兴“大文章”的掷地有声。

站在新的历史起点上回望，改革开放40年来，中国村镇的变迁是巨大的、深刻的、深远的。记录这样一个重要的题材，这样一段宏阔的历史，这样一场生动的实践，是对脚力、眼力、脑力、笔力的检验。每一个村镇，都有一个故事，汇聚成一个关于中国基层村镇的“中国故事”，一段波澜壮阔的历史华章。

我们特别感谢为本书做出贡献的所有作者，以及关心本书出版和热情提供支持的所有同志（在此不一一具名）。本书的出版，得到了新华社总编室、国内部、摄影部的支持与协调，新华社国内各分社从事一线报道的记者深入采访，结合具体村镇的实际，从独特的角度进入，有人物、有故事、有亮点、有新意，既有历史的厚重感，也有现实的鲜活感，以小见大、见微知著。这些作者中，有扎根农村数十年的资深记者，有满怀激情的年轻记者，他们怀着同样的历史使命感和责任感，真实记录了这样一段发生在中国基层村镇的非凡历史。

改革开放之初的中国村镇，并未留下太多影像资料。在有限的镜头记录中，它们的形象似乎如出一辙，质朴之中，蕴藏着巨大的可能性。在改革开放的第40个年头，新华社摄影记者为它们重新记录下珍贵的一瞬。

本书的每一个村镇，都以新旧照片对比、图文结合的方式呈现，通过照片追寻历史的变迁，通过文字呈现立体的情境。对于广大对基层村镇并不熟悉的读者来说，可以通过阅读感受影像的力量，聆听历史的回声。

改革的大潮奔腾不息，历史的航程上仍需扬帆奋进。党的十九大报告提出，“要坚持农业农村优先发展，按照产业兴旺、生态宜居、乡风文明、治理有效、生活富裕的总要求，建立健全城乡融合发展体制机制和政策体系，加快推进农业农村现代化”。实施乡村振兴战略，是党的十九大作出的重大决策部署，是决胜全面建成小康社会、全面建设社会主义现代化国家的重大历史任务，是新时代做好“三农”工作的总抓手。扎扎实实把乡村振兴战略实施好，必须从党和国家事业发展全局出发，深刻认识到农业强不强、农村美不美、农民富不富，决定着全面小康社会的成色和社会主义现代化的质量。全面建成小康社会，最艰巨最繁重的任务在农村，最大的潜力和后劲也在农村。

新时代开启新征程，新时代呼唤新作为。当代中国共产党人既要带领人民实现第一个百年奋斗目标，又要开启向第二个百年奋斗目标进军的新征程。让我们更加紧密地团结在以习近平同志为核心的党中央周围，不忘为中国人民谋幸福、为中华民族谋复兴的初心和使命，锐意进取，埋头苦干，奋力谱写新时代中国特色社会主义的壮丽篇章。

中国特色社会主义进入新时代，在改革开放第40个年头，我们相信，中国广大村镇的广大农民将在乡村振兴中拥有更多获得感、幸福感。

——谨以此书庆祝中国改革开放40周年。

因编者水平有限，书中有不当之处，敬请广大读者指正。

本书编写组

2018年7月20日